FRIEDRICH DÜRRENMATT

DIE PHYSIKER

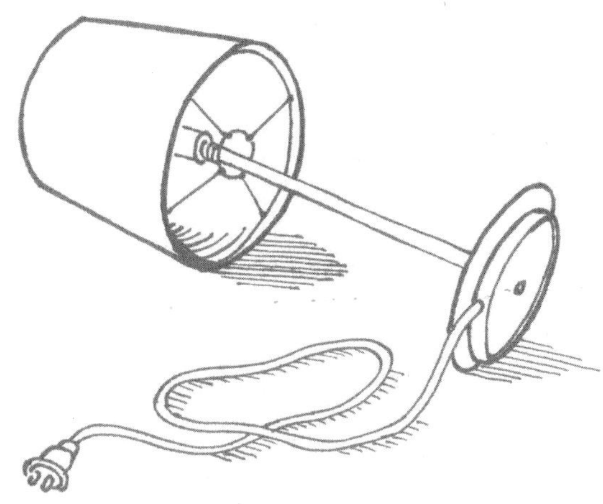

Lehrerheft

Real- und Werkrealschulabschluss

Krapp & Gutknecht

Dr. Gesine Heddrich

Inhaltsverzeichnis

VORWORT

Liebe Kolleginnen und Kollegen,

in einem Interview Mitte der 70er Jahre, welches das ZDF mit Friedrich Dürrenmatt (1921–1990) führte, meinte der Autor unter anderem: „Ich bin ja inzwischen ein Schulautor geworden. Da würde mich ja schon interessieren, was die da so alles über mich sagen."

Diese Äußerung drückt wohl ein gewisses Misstrauen gegenüber dem Literaturunterricht aus, wohl wissend, dass seine Werke und er selbst nicht immer so verstanden werden, wie er sich das vorstellte oder gar wünschte. Über den zweiten Teil der *Physiker* meinte er im gleichen Interview, dass das, was da vorgehe, sehr heimtückisch sei, der Verlauf der Handlung wie auch das, was in den Zuschauern dabei vorgehe. Dabei spiele er auf die Sinnlosigkeit des Treibens der drei Protagonisten an.

Sinnlos ist aber ganz und gar nicht das, was diese Unterrichtsmaterialien bieten – eine kognitiv-analytische wie auch kreativ-gestaltende Auseinandersetzung mit der Komödie *Die Physiker*, um die Prüflinge angemessen auf die Abschlussprüfung vorzubereiten.

Dürrenmatts Klassiker hat nichts an seiner Aktualität eingebüßt, schaut man sich die heutige Welt an: Dass die Atombombe wie in den 60er Jahren zu Zeiten des Kalten Krieges durch Putin wieder als Instrument der Drohung herangezogen wird, lässt das Werk so aktuell wie 1961/62 erscheinen.

Die große Frage ist und bleibt die nach der ethisch-moralischen Verantwortung. Aber um wessen Verantwortung geht es eigentlich? Sind die Wissenschaftler verantwortlich, die Erkenntnisse veröffentlichen, die positiv wie negativ genutzt werden können? Sind es die Menschen, die möglichen Missbrauch von Erfindungen zulassen bzw. nicht verhindern? Sind es Politiker oder Herrschende, die sich der Erkenntnisse bedienen, um Macht auszuüben, Kriege zu führen oder Menschen zu vernichten?

Die Antwort liegt im Versteckspiel der Figuren, ihrer (De-)Maskierung, ihren Intentionen, in der paradoxen Welt, in die Dürrenmatt uns führt – und im Auge des Betrachters, der dieses Thema nach der Lektüre bzw. Aufführung der Komödie reflektiert und – im besten Falle – sein Handeln bzw. seine Haltung verändert, wenn es nötig zu sein scheint.

Wenn es gelingt, den Schülerinnen und Schülern eine Mitverantwortung an ihrer kleinen Welt, an der Gesellschaft, am Weltgeschehen zu vermitteln, kommt man Dürrenmatts Vorstellung hinsichtlich der Funktion des Dramas sicherlich nahe.

In diesem Sinne wünsche ich eine fruchtbare Arbeit mit den vorliegenden Materialien und darüber hinaus weitere Impulse und Ideen, die die Unterrichtseinheit bereichern.

Gesine Heddrich

Symbolerklärung

- Leseauftrag
- Schreibaufgabe
- Internetrecherche
- Downloadbereich
- Partnerarbeit
- Gruppenarbeit
- Diskussion in der Klasse
- Hörtext
- Schreibordner

Für eine ausführlichere Bearbeitung wird den Schülerinnen und Schülern ein Schreibordner oder -heft empfohlen. Die jeweiligen Aufgaben sind mit diesem Symbol markiert.

- WRS Werkrealschule

Die Lösungen zu den Arbeitsblättern für den Werkrealschulabschluss finden Sie im Downloadbereich.

- SH 43 Seitenverweis auf das Schülerarbeitsheft

KOMMENTIERTE INHALTSANGABE

Übersicht als Überblick

In dem Sanatorium ‚Les Cerisiers' halten sich neben einigen sehr betuchten nervenleidenden Personen auch drei Physiker auf: Beutler, der sich für Newton hält, Ernesti, der glaubt, Einstein zu sein, sowie Möbius, der vorgibt, dass ihm König Salomo erscheine. Möbius, der neben einigen Erfindungen auch die ‚Weltformel' gefunden hat und die Menschheit vor dem Missbrauch seiner wissenschaftlichen Erkenntnisse schützen möchte, lässt sich als nervenkrank in das Sanatorium einweisen. Dafür verzichtet er auf Geld, Ruhm und sein Familienleben, indem er seine Frau und seine drei Buben zurücklässt.

Die beiden anderen Physiker sind von Geheimdiensten (West und Ost) auf Möbius angesetzt und haben den Auftrag, den genialen Wissenschaftler für ihr Land bzw. ihre Regierung zu gewinnen.

Daneben gibt es die Leiterin der Anstalt, Dr. Mathilde von Zahnd, mit ausgezeichnetem Ruf als Ärztin. Während sie einerseits fürsorglich, freundlich und kompetent wirkt, offenbart sie am Ende ihr wahres Gesicht als irre Ärztin, die die ‚Weltformel' stiehlt, um die Weltherrschaft an sich zu reißen. Dies schafft sie, indem sie ihre drei Krankenschwestern auf die drei Physiker ansetzt. Diese verlieben sich in die Physiker und wollen ein neues Leben mit ihnen beginnen, wobei sie deren wahre Identität gefährden, was schließlich dazu führt, dass die Wissenschaftler die sie jeweils betreuende Krankenschwester umbringen.

Als Mörder sind sie für immer Dr. von Zahnd ausgeliefert und verbleiben lebenslang in der Anstalt. Der Versuch von Möbius, das mögliche Unheil, das seine Erfindungen heraufbeschwören könnten, zu verhindern, scheitert durch eine größenwahnsinnige Irrenärztin, die sich am Ende in grausamer Weise offenbart. Sie hat, bevor Möbius alle seine Unterlagen verbrannt hat, nach und nach Fotokopien angefertigt und sich seine wissenschaftlichen Errungenschaften auf diese Weise angeeignet, man darf ruhig sagen gestohlen. Das Ende ist ernüchternd: „Die Welt ist in die Hände einer verrückten Irrenärztin gefallen" (S. 85, Z. 23 f.) – und das bedeutet nach Friedrich Dürrenmatt die „schlimmstmögliche Wendung" (S. 91).

Inhalt in chronologischer Reihenfolge

Regieanweisung

Zu Beginn der Komödie wird in einer umfangreichen Regieanweisung der Ort des Geschehens beschrieben, das Städtchen, in dem das Sanatorium liegt, die Gebäude desselben, die Patienten, die dort untergebracht sind, sowie das dort arbeitende Personal. Auch wird der Mord eines Insassen an einer Krankenschwester erwähnt.

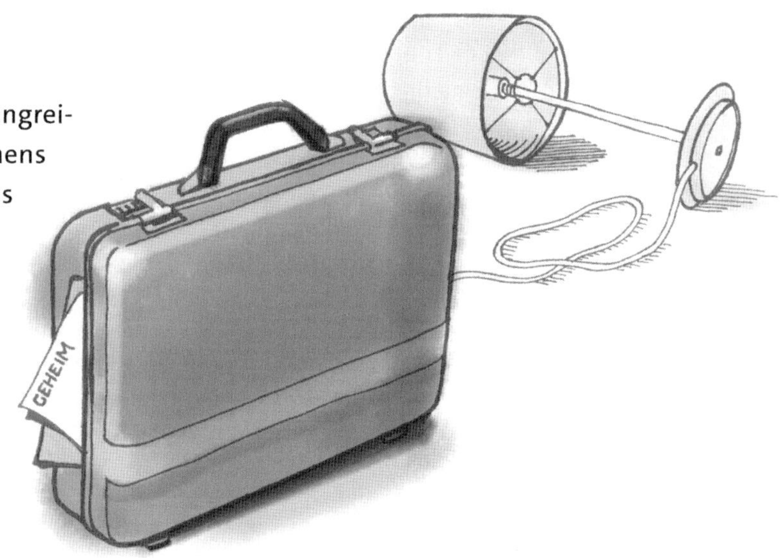

Erster Akt

Der Erste Akt wird mit einem Dialog zwischen Inspektor Voß, der zum zweiten Mal die Ermittlungen im Sanatorium aufnimmt, und der Oberschwester Boll eröffnet. Es ist ein zweiter Mord geschehen: Einstein hat Schwester Irene Straub erdrosselt. Anschließend wird Newton von Voß befragt, der drei Monate zuvor auch seine Krankenschwester, Dorothea Moser, erdrosselt hat. Beide Morde sind verübt worden, weil die Krankenschwestern sich in die Physiker verliebt haben und mit ihnen ein neues Leben beginnen wollten. Da Nervenkranke keine Verantwortung für ihre Taten übernehmen müssen, bleibt dem Inspektor wenig Spielraum, seiner Aufgabe, die Mörder dingfest zu machen, nachzukommen.

Das darauffolgende Gespräch mit Frl. Doktor ist für Inspektor Voß nicht aufschlussreicher. Er reklamiert die Sicherheitsvorkehrungen, während Dr. von Zahnd die Mörder bzw. Täter entschuldigt, indem sie die radioaktiven Strahlen, mit denen diese gearbeitet haben, für die Taten verantwortlich macht.

Der Physiker Möbius, der sein Leben in Freiheit geopfert hat, um die Menschheit vor seinen Erfindungen und deren Missbrauch zu retten, wird im folgenden Gespräch von Dr. von Zahnd mit der ehemaligen Frau von Möbius und ihrer neuen Familie dem Publikum nähergebracht. Frau Rose, nun mit einem Missionar verheiratet und mit neun Buben betraut, möchte auswandern. Dementsprechend kommt sie ins Sanatorium, um sich für immer von ihrem Ex-Mann, für den sie 15 Jahre lang das Sanatorium unter größten Opfern bezahlt hat, zu verabschieden. Nachdem Dr. von Zahnd ihr die künftigen Zahlungen erlassen hat, trifft sie mit ihrer Familie auf Möbius. Dieser reagiert zunächst befremdet und freundlich-distanziert, erinnert sich dann anscheinend an seine Familie, wird aber schließlich immer aggressiver und verjagt seine Familie sozusagen, indem er sie wüst beschimpft und verflucht.

Im Anschluss an diese Szene offenbart Krankenschwester Monika Stettler Möbius ihre Liebe und die bereits eingeleiteten Schritte für ein neues Leben in Freiheit. Obwohl auch der Physiker Monika liebt, tötet er sie, um seine Identität als verrückter Wissenschaftler zu wahren. Später wird er behaupten, König Salomo, der ihm regelmäßig erscheine, habe ihm den Befehl für diesen Mord gegeben.

Zweiter Akt

Parallel zum Ersten Akt erscheint erneut Inspektor Voß, um Ermittlungen zu führen. Dieses Mal spricht er mit Dr. von Zahnd, die eigentlich nur um ihren guten Ruf besorgt ist. Da Voß bereits um die Schwierigkeiten bei den Ermittlungen weiß, geht er dieses Mal gelassen vor und akzeptiert die Kapitulation vor dem Gesetz durch die Umstände im Sanatorium: Verrückte sind nicht für ihre Taten zur Rechenschaft zu ziehen. Daher bleibt auch der Dialog mit Möbius folgenlos.

Im weiteren Verlauf treffen die drei Physiker im Rahmen eines opulenten Abendessens zusammen und führen ein Offenbarungsgespräch: Sie gestehen alle drei, dass sie nicht verrückt sind, und offenbaren ihr planvolles Handeln. Die Agenten aus dem Ost- und Westblock buhlen um Möbius. Dabei erklärt jeder von ihnen, wie er die Verantwortung des Wissenschaftlers für seine Forschungsergebnisse interpretiert. Die unterschiedlichen Standpunkte werden diskutiert, bis Dr. von Zahnd auftritt. Diese offenbart den Wissenschaftlern, dass sie sie schon lange durchschaue, sich die wissenschaftlichen Ergebnisse von Möbius bereits angeeignet, die Krankenschwestern berechnend auf die Physiker angesetzt und sie so geplant zu Mördern gemacht habe. Ihre angestrebte Weltherrschaft sei nun durch ihren Trust erreichbar, dank des König Salomo, dem sie dienen dürfe. Die Wissenschaftler müssen erkennen, dass das Opfern ihrer Freiheit sinnlos gewesen ist, sie zeitlebens ausgeliefert sind und eingesperrt bleiben.

In drei Schlussmonologen geben Einstein und Newton eine Kurzbiografie ihrer für ihre Maskierung ausgewählten Persönlichkeiten wieder, Möbius die des König Salomo, mit dem er sich nun vollständig identifiziert.

THEMEN, MOTIVE UND SYMBOLIK

Verkehrte Welt – Paradoxe Welt

„Ich bin kein politischer, ich bin ein dramaturgischer Denker, ich denke über die Welt nach, indem ich ihre Möglichkeiten auf der Bühne und mit der Bühne durchspiele, und mich ziehen demgemäß Paradoxien und Konflikte unserer Welt mehr an als die noch möglichen Wege, sie zu retten.“

Friedrich Dürrenmatt, *Die Komödie,* Verlag Kohlhammer, Stuttgart, 1973, S. 118

Ein Grundmerkmal der vorliegenden Komödie *Die Physiker* ist die Paradoxie. Die Darstellung einer paradoxen Welt gelingt Dürrenmatt, indem er die augenscheinliche Rationalität und das logische Vorgehen seiner Figuren durch Affekthandlungen und Zufälle unterbricht bzw. bricht, und schließlich durch eine verkehrte Welt besiegelt. Die sukzessive Demaskierung der Figuren lässt diese schließlich erkennen: Die als verrückt deklarierten Physiker sind normale und kluge Wissenschaftler, die berühmte Ärztin ist die Verrückte, Irre, die die Weltherrschaft anstrebt. Gegensätzliches und Kontrastives in den Dialogen als auch der Haltung der Figuren unterstreichen die Paradoxie der Welt. Das zuweilen komisch Wirkende ist es, das dem Zuschauer bzw. Leser paradox und nachgerade grotesk vorkommt. Und genau das führt zu Distanz und Verfremdung, die initiieren sollen, wie man mit der aus der Komödie gewonnenen Erkenntnis umgeht. Indem Dürrenmatt eben keine Lösung anbietet, sondern das Zerrbild einer Tendenz unserer Welt darstellt, wird dem Publikum nahegelegt, Position zu beziehen und sich mit dem Thema der Verantwortung des Wissenschaftlers und der Menschen schlechthin auseinanderzusetzen.

Aktueller Bezug – der Kalte Krieg und die Gefahr eines Atomkrieges heute

Dürrenmatt hat seine Komödie Anfang der 60er Jahre, also in einer Zeit geschrieben, in der die Bedeutung der Atomwaffen hinsichtlich des Wettrüstens als Bedrohungsszenario zwischen den Großmächten immer mehr an Bedeutung zunimmt. Die Ausmaße der Massenvernichtungswaffen und die Verantwortung für diese Entwicklung sind es, die Dürrenmatt zum Schreiben bewegen.

Gerade 2022/23 gewinnt dieser Aspekt einer als tödliche Waffe missbrauchten wissenschaftlichen Errungenschaft erneut an Bedeutung. Nachdem sich die Nationen in den letzten Jahrzehnten friedlich angenähert, zumindest in ihrer politischen Position geduldet haben, zeigt sich in den vergangenen Jahren bereits wieder eine gefährliche Entwicklung hinsichtlich ausgeprägter Autokratie und gesteigertem Nationalismus in vielen Ländern innerhalb und außerhalb Europas.

Der Gipfel dieser bedrohlichen Entwicklung ist der Einmarsch Russlands in die Ukraine. Ausgehend von der aktuellen Weltlage ist die Gefahr einer atomaren kriegerischen Auseinandersetzung tatsächlich sehr präsent:

> **„Das Risiko ist durchaus real. Putin verfügt über sogenannte taktische Atomwaffen, häufig auch Gefechtsfeldwaffen genannt. Die Schwelle, diese ‚kleinen' Atomwaffen einzusetzen, ist viel geringer als sie zuvor bei ‚großen' Atombomben war – Sicherheitsexperten warnen deshalb schon seit Jahren, dass die Gefahr eines Atomkrieges heute größer ist als im Kalten Krieg."[1]**

Die allzu digital-affinen Jugendlichen können der Informationsflut der Medien nicht entfliehen und sind so gesehen wesentlich informierter, vielleicht aber auch manipulierter, als es Jugendliche noch vor 50 Jahren waren. Daher werden sie schnell erkennen, dass Dürrenmatts Komödie heute mindestens so aktuell ist wie in den 60er Jahren.

Und gerade, wenn man weitere Themenfelder, die mit Verantwortung des Einzelnen in der Gesellschaft zu tun haben, anführt, ist Dürrenmatts Wunsch nach achtsamen und reflektierenden Zuschauern bzw. Lesern sehr nachvollziehbar. Sei es Gentechnik, Klimawandel oder Globalisierung als Gefahr: Die Menschen müssen darüber nachdenken, was ihr persönliches Handeln nach sich zieht und wie es sich auswirkt auf die Gesellschaft, die Politik, die Beziehungen untereinander und die Welt im Allgemeinen.

Ethik in der Wissenschaft – Eid des Hippokrates für alle Forscher?

Die Aktualität des Dürrenmatt'schen Dramas in den 60er Jahren gründet auf der Erkenntnis der Auswirkung der Nuklearwaffen in den Jahren des Kalten Krieges. Die Auswirkungen des Atombombenabwurfs in Hiroshima und Nagasaki – mit einer verheerenden Erkenntnis – lassen die Diskussion der Verantwortung der Wissenschaftler/-innen für ihre Erfindungen erneut aufflammen: Sind diese sowohl für den positiven Nutzen als auch für den Missbrauch ihrer Errungenschaften verantwortlich? Oder obliegt es der Gesellschaft (also allen Menschen), den politisch Verantwortlichen eines Landes oder einzelnen Institutionen bzw. Gremien, den Nutzen von Erfindungen zu bestimmen und eventuell einzugrenzen sowie auch ethisch-moralisch zu hinterfragen?

Stellt man seine Erkenntnisse zur Verfügung, kann ein Missbrauch definitiv nicht ausgeschlossen werden. Behält man diese für sich und veröffentlicht sie nicht, kann aber auch kein Nutzen daraus gezogen werden. So würde man geradezu einen Stillstand der Entwicklung erwirken und entsprechend auch kontraproduktiv agieren.

Die Frage ist bis heute nicht bzw. nur schwer zu beantworten. Vielmehr sollte man über einen hippokratischen Eid in vielen wissenschaftlichen und produktionsorientierten Bereichen, in denen Verantwortung in jeglicher Form wahrgenommen wird, nachdenken.

Wenn die Schülerinnen und Schüler begreifen, dass sie ebenso Verantwortung tragen für das, was sie sagen, für ihr Handeln, dann ist schon ein wichtiger Schritt erreicht: Jeder ist verantwortlich für sein Tun, im Kleinen wie im Großen. Und das sollte allen während der Bearbeitung der *Physiker* bewusst werden.

1 Heike Dierbach – https://www.greenpeace.de/frieden/interview-risiko-atomkrieg (07.10.2022).

DIDAKTISCH-METHODISCHE HINWEISE UND ANREGUNGEN ZUM LESEN

Der Bildungsplan 2016 Deutsch, Sekundarstufe I, Baden-Württemberg, bildet die Grundlage für das Anforderungsniveau und die Ausarbeitung der Aufgabenstellungen und Lösungsvorschläge sowohl des Schülerarbeitsheftes als auch des Lehrerheftes.

Ebenfalls für die vorliegenden Materialien berücksichtigt wurden die vorgegebenen Anforderungen der aktuellen Abschlussprüfung für (Werk-)Realschulen, Baden-Württemberg.

Zahlreiche Aufgaben zu Inhaltssicherung, Analyse und Interpretation, Themen, Motiven, Symbolen, aktuellem Bezug sowie Dürrenmatts Theatertheorie sind durchaus chronologisch zu erarbeiten.

Es ist aber auch möglich, punktuell Schwerpunkte zu setzen und nach eigener Auswahl vorzugehen, quasi im ‚Modulverfahren'. Die Schülerinnen und Schüler können die Aufgaben sowohl in selbstständiger Arbeit als auch gemeinsam im Unterricht bearbeiten. Erstrebenswert ist natürlich ein methodischer Wechsel, so dass verschiedene Sozialformen eingeübt und entsprechend auch Einzelleistungen eingefordert werden können. Es obliegt der Lehrkraft, die angedachten methodischen Vorgehensweisen so zu übernehmen oder im Rahmen der selbst entworfenen Unterrichtseinheit entsprechend abzuändern und eigene Schwerpunkte zu setzen.

Je nach Zeitplan ist es durchaus empfehlenswert, über die kognitiv-analytischen Aufgabenformate hinaus auch vermehrt kreative Ansätze zu fördern.

Mögliche kreative Aufgaben – im Klassenzimmer zu spielen oder aufzuhängen – sind:

- eine Szene frei nachspielen als Commedia dell' arte (Stegreifkomödie)
- eine Szene im Rollenspiel antizipieren und so ‚weiterdenken'
- Szenen einfügen (z. B. Inspektor Voß im Gespräch mit dem Staatsanwalt)
- ein Tableau bzw. Standbild zu einer Situation erstellen
- ein Tableau bzw. Standbild zu einer Erfindung erstellen
- eine Rollenbiografie anfertigen und präsentieren
- Charakterisierungen der Figuren und ihre Beziehungen als Schaubilder visualisieren
- Fotos mit Kommentaren zu Handlungssträngen versehen
- Szenen zum Thema ‚Paradoxe Welt' improvisieren (nach Themensammlung)
- kleine kreative Schreibaufgaben stellen
- Gedichte zu einem der Themen oder der Komödie selbst verfassen (Poetryslam)
- Collage zu einem Thema oder mehreren Themen gestalten
- Trailer zu dem Theaterstück aufnehmen
- Quiz oder Spiel erstellen
- Kurzpräsentationen zu einzelnen Erfindungen halten lassen

Die große Entscheidung, die es zu treffen gilt, betrifft das Lesen des Dramas.

Lesen die Schülerinnen und Schüler das gesamte Werk für die Erarbeitung zuvor alleine zu Hause? Lesen sie es in Abschnitten zu Hause? Lesen sie es gemeinsam in verteilten Rollen?

Hier ist natürlich die Individualität einer jeden Klassengemeinschaft zu berücksichtigen. Falls man als Lehrkraft merkt, dass das Lesen in verteilten Rollen für die Schülerinnen und Schüler eine Qual ist oder sie es nicht wirklich ernst nehmen, sollte man auf die häusliche Lektürevorbereitung zurückgreifen. Es ist aber auch möglich, neben dem aktiven Lesen, das Intonation, Stimm-Modulation und flüssiges Lesen schult und die Inhalte und Stimmungen so besser erfahrbar und erfassbar macht, Sequenzen einer Theateraufführung vorzuführen.

Der Verlag bietet hierzu eine DVD an, die als Aufnahme auch auf YouTube frei zugänglich ist.[1]

Die beste aller möglichen Strategien ist sicherlich – je nach Eignung des Dialogs bzw. Gesprächs – eine Mischung aus häuslichem und gemeinsamem Lesen sowie gemeinsamem Anschauen einzelner Szenen einer Theaterinszenierung.

Dieses Lehrerheft bezieht sich auf folgendes Schülerarbeitsheft:

Gesine Heddrich
Schülerarbeitsheft mit Differenzierungsmaterial und Onlinebereich
Real- und Werkrealschulabschluss
DIN A4, 64 Seiten
ISBN 978-3-96323-100-1
Bestell-Nr. S3100

Die Seiten- und Zeilenangaben beziehen sich auf folgende Ausgabe:

Friedrich Dürrenmatt
Taschenbuch
Die Physiker
Diogenes Verlag
96 Seiten
ISBN 978-3-257-23047-5
Bestell-Nr. tbPhysiker

Friedrich Dürrenmatt
Theateraufführung
DVD
Die Physiker
Film 101
12 Min.
FSK 12
Bestell-Nr. DVDPhysiker

1 YouTube: https://www.youtube.com/watch?v=HZhFC11uB3Q (22.03.2023).

DAS SCHÜLERARBEITSHEFT IM ÜBERBLICK

Seiten	Inhalte	Ziel
4–10	Vor dem Lesen	Annäherung an Themen: ▪ Verantwortung, wissenschaftliche Erkenntnisse ▪ Biografien Salomo, Newton, Einstein ▪ Cover ▪ Gattungsmerkmale Drama
11–17	Inhaltssicherung – Erster Akt	▪ Regieanweisung, Figuren, Dialoge
18–26	Inhaltssicherung – Zweiter Akt	▪ Regieanweisung, Figuren, Dialoge ▪ Positionen der Physiker ▪ Demaskierung Dr. Mathilde von Zahnd
27–37	Figuren und ihre Beziehungen	▪ Charakterisierung Dr. Mathilde von Zahnd ▪ Beziehungen von Dr. Zahnd zu anderen Figuren ▪ Charakteristisches Verhalten von Inspektor Voß ▪ Charakteristisches Verhalten der Physiker und Dr. von Zahnds ▪ Charakterisierung der Physiker Möbius, Newton und Einstein/*Personenbeschreibung* ▪ Dramaturgische Welt: Sanatorium/Außenwelt ▪ Gestaltung einer *Rollenbiografie*
38–44	Produktive Schreibaufgaben im Stil des Prüfungsteils A2	▪ Begriffe zur *Analyse von Dramen* ▪ *Produktive Schreibaufgaben* – Definition ▪ Innerer Monolog – Tagebucheintrag – Rede – Dialog – Brief ▪ Produktive Schreibaufgaben
45–53	Themen, Motive und Symbolik	▪ Verkehrte Welt – Paradoxe Welt ▪ Weisheit und Verantwortungsbewusstsein (Salomo) ▪ Symmetrie des Aufbaus
54–56	Theatertheorie von Dürrenmatt	▪ Dürrenmatts Theaterkonzeption ▪ Wirkliche Welt *versus* abgebildete Welt
57–60	Ethik – die Wissenschaft muss sich ihrer Verantwortung stellen	▪ *Artikel:* Ein Eid des Hippokrates für alle Forscher? ▪ *Karikatur* zum Thema Genmanipulation
61–62	Aktueller Bezug heute – der Kalte Krieg ist Geschichte, aber die Gefahr eines Atomkrieges ist real	▪ Die Welt 2022/2023 ▪ Der Krieg in der Ukraine – Auszüge aus Artikeln
63–64	Aufgaben zum Textverständnis im Stil des Prüfungsteils A2	▪ Aufgaben zum Textverständnis

LÖSUNGEN ZU DEN AUFGABEN DES SCHÜLERARBEITSHEFTS

Vor dem Lesen

SH 4

Aufgabe 1

a)

Verantwortung übernehmen

- *Geschwister füreinander*
- *Menschen für Tiere und Pflanzen*
- *Eltern für Kinder*
- *Freunde/Freundinnen füreinander*
- *Ärzte/Ärztinnen für ihre Patienten/Patientinnen*
- *Lehrer/-innen für Schüler/-innen*
- *Arbeitgeber/-innen für Arbeitnehmer/-innen und umgekehrt*

b) Stichworte zum Begriff *Verantwortung*:

- *ist eine Tugend*
- *Verantwortungsgefühl setzt ein Gewissen, die Kenntnis von Wertvorstellungen sowie von Gesetzen und sozialen Normen voraus.*
- *für mögliche Folgen einer Handlung bzw. Entscheidung einzustehen und die Konsequenzen zu tragen*
- *Handlungsfreiheit und ein wirksamer Einfluss von Handelnden auf das Ergebnis sind Voraussetzung.*
- *mit einer bestimmten Aufgabe/Stellung verbundene Verpflichtung, innerhalb eines bestimmten Rahmens für einen guten Verlauf zu sorgen oder Schaden abzuwenden*
- *rechtliche, weltanschauliche und moralische Normen können Ursprung sein*
- *Das eigene Ideal kann Maßstab sein.*
- *Verantwortung hängt mit Selbstbestimmung zusammen.*

c) Verantwortungsbewusstsein außerhalb der Familie

- *in der Politik*
- *im Berufsleben*
- *in der Gesellschaft*
- *in Gemeinschaften*
- *in Vereinen*
- *im Gesundheitswesen*
- *in der Wissenschaft*
- *für die Natur*
- *für das Klima*

SH 5 **Aufgabe 2**

a)

- ***Post it*** *(Arthur Fry, 70er Jahre)*
- ***Schrift*** *(Phönizier/Sumerer 5000 v. Chr.)*
- ***Textilien*** *(Steinzeit)*
- ***Buchdruck*** *(Gutenberg ca. 1440)*
- ***Elektrizität*** *(1600)*
- ***Glühbirne*** *(Göbel 1854/Edison 1879)*
- ***Strom*** *(Volta, Ampère, Siemens, Edison)*
- ***Fotografie*** *(Niépce 1816)*
- ***Eisenbahn*** *(Homfrey/Trerithick 1805)*
- ***Gleitflugzeug*** *(Lilienthal 1894)*
- ***Flugzeug*** *(Wilburg/Wright 1903)*
- ***Automobil*** *(Bemz/Daimler 1886)*

positiv genutzte **wissenschaftliche Erkenntnisse** und **Erfindungen**

- ***Laser*** *(Maiman 1960)*
- ***Antibabypille*** *(Schering AG 1961)*
- ***Gentechnik*** *(Stanford University 1973)*
- ***Penicillin*** *(Fleming 1929)*
- ***Impfstoffe*** *(Edward Jenner 1796)*
- ***Telefon*** *(Reis 1859)*
- ***Aspirin*** *(Hoffmann 1879)*
- ***Röntgenstrahlung*** *(Röntgen 1895)*
- ***Internet-www*** *(Berners-Lee 1989)*
- ***Scanner*** *(Hell 1951)*
- ***Feuer*** *(vor 1,5 Millionen Jahren)*
- ***Kernspaltung*** *(Hahn 1938)*
- ***Relativitätstheorie*** *(Einstein 1905)*
- ***Computer*** *(Zuse 1941)*
- ***Fernseher*** *(von Ardenne 1930)*
- ***Smartphone*** *(IBM 1994)*
- ***Mobiltelefon*** *(Cooper 1973)*

b)

negativ genutzte wissenschaftliche Erkenntnisse und Erfindungen

Dynamit
- *Einsatz bei Anschlägen/Kriegen*

Fotografie/Film
- *Missbrauch für Pornografie*

Antibiotika
- *Nutzung für die Masttierhaltung (Hormonerhöhung, Resistenz)*

Videospiele wie Doom/Counter Strike
- *mögliche Anregung für Amokläufe*

Kernspaltung
- *Atombomben*

Internet
- *Missbrauch im Darknet (illegale Geschäfte, Drogen, Waffen, Pornografie)*
- *Fake-News*
- *Shitstorms/Drohungen/Beleidigungen*
- *Kommunikationsblasen/-räume*

Atomkraftwerke
- *Hilflosigkeit und Kämpfe wegen des radioaktiven Mülls (Orte)*

Transportmittel
- *Erzeugung von Umweltverschmutzung/Klimaveränderung*

Gentechnik
- *Ermöglichung von Babys nach Maß/Wunschbabys*
- *Ersatzteillager für innerfamiliäre Krankheiten*

Es sollte den Lehrkräften bei diesem Thema ein Anliegen sein, die Schülerinnen und Schüler gerade auf die Gefahr, die Erfindungen in sich bergen, hinzuweisen. Es ist wichtig, die zwei Seiten einer Medaille im Umgang mit Erkenntnissen zu vermitteln und entsprechend zu diskutieren, nämlich dass nicht immer die Erfindung selbst schlecht ist und damit ihr Erfinder/ihre Erfinderin Böses im Schilde führt, sondern vielleicht gerade der Missbrauch, häufig auch durch andere vollführt, den Menschen schadet. Es ist sehr schwierig, eine eindeutige Position einzunehmen, aber junge Erwachsene müssen für dieses Thema sensibilisiert werden.

c) Individuelle Lösung (aus der Diskussion heraus)

Meine Anmerkungen:

SH 7

Aufgabe 3

König Salomo

BIOGRAFIE

- *10. Jh. v. Chr.: Geburt in Jerusalem*
- *Machtkampf mit Halbbruder Adonija, der sich zum König ausrufen lässt*
- *Vater David lässt daraufhin den Sohn Salomo zum König salben.*
- *Salomo lässt seinen Halbbruder töten, da dieser den Machtkampf nicht aufgibt.*
- *als König von Juda, Israel und Jerusalem: diplomatische Beziehungen und innere Stabilität*
- *Vielweiberei, Harem von 700 Frauen und 300 Nebenfrauen nichtjüdischer Herkunft (Polytheismus) – Maßlosigkeit*
- *offen, tolerant, weise*
- *926 v. Chr.: Tod in Jerusalem*

ÜBERLIEFERTE BOTSCHAFT

- *Idealbild eines mächtigen und weisen Herrschers (dritter König in Israel)*
- *Erbauer des ersten jüdischen Tempels in Jerusalem*
- *Verstärkung des Festungssystems*
- *Reorganisation des Heerwesens*
- *Teilung des israelitischen Staatsgebildes in 12 Provinzen*
- *kulturelle Blüte des Landes durch freizügige Religionspolitik, großartige Hofhaltung und Ausbau der Handelsbeziehungen (zu phönizischen Städten)*
- *berühmtestes Urteil: Zwei Mütter streiten um ein Kind. Salomo befiehlt, das Kind zu teilen. Daraufhin verrät sich die falsche Mutter durch Einwilligung, während die wahre Mutter das Kind abgegeben hätte, um sein Leben zu retten.*

Sir Isaac Newton

BIOGRAFIE

- *4.1.1643: Geburt von Isaac Newton im englischen Dorf Woolsthorpe*
- *Leben bei der Großmutter, später bei der Mutter*
- *Schule und ab 1661 Studium am Trinity College in Cambridge und Baccalauréat (Abitur)*
- *1667, nach einer Pestepidemie: Studium fortgeführt*
- *1669: Professor in Cambridge*
- *1672: Mitglied der Royal Society*
- *1678: schwerer Nervenzusammenbruch*
- *1696: Münzwardein (Münzbeamter)*
- *1699: Münzmeister (vergleichbar mit Finanzminister)*
- *1700: Umzug nach London*
- *1703: Präsident der Royal Society*
- *1705: als erster Wissenschaftler der Royal Society zum Ritter geschlagen*
- *lebenslang ehe- und kinderlos*
- *streitsüchtig, verschlossen*
- *31.3.1727: Tod in London*

ÜBERLIEFERTE BOTSCHAFT

- *Physiker, Mathematiker, Chemiker, Astronom, Philosoph und Religionstheoretiker*
- *drei berühmte Bewegungsgesetze*
- *Entdeckung der Gravitationskraft (als ihm ein Apfel auf den Kopf fiel)*
- *Entdeckung der Zusammensetzung des Lichts*
- *Berechnungsmethode Infinitesimalrechnung*
- *Erfindung des Spiegelteleskops*
- *Grundlagenforschung in der Aerodynamik und Akustik: Erforschung der Ausbreitung des Schalls*
- *Erklärung zu dem Phänomen Ebbe und Flut*

Albert Einstein

BIOGRAFIE

- *14.3.1879: Geburt von Albert Einstein in Ulm (Jude)*
- *Umzug nach München, Schulabbruch*
- *Spätentwickler: Matura 1896 in der Schweiz*
- *Studium am Politechnikum Zürich*
- *1900: Diplom zum Fachlehrer für Mathematik und Physik*
- *2 Ehen: 1903 mit Mileva Marić (2 Söhne, 1 Tochter), später Elsa Löwenthal*
- *1906: Promotion an der Universität Zürich*
- *1913: Mitglied der Preußischen Akademie der Wissenschaften in Berlin (Umzug)*
- *1922: Nobelpreis für Physik*
- *1933: Beschlagnahmung seines Vermögens in Deutschland, Auswanderung in die USA, steht dort unter FBI-Beobachtung – Vermutung: kommunistischer Spion*
- *Direktor verschiedener Institutionen*
- *frauenfeindlich, launisch*
- *18.4.1955: Tod durch innere Blutungen*

ÜBERLIEFERTE BOTSCHAFT

- *spezielle und allgemeine Relativitätstheorie*
- *erklärt Zusammenhang von Raum, Zeit und Licht*
- *Erkenntnis: Zeit vergeht langsamer, je schneller sich ein Objekt bewegt und je mehr es der Gravitation ausgesetzt ist.*
- *$E = mc^2$ besagt auch, dass Lichtgeschwindigkeit zu erreichen, unmöglich ist.*
- *Schwere Körper krümmen und dehnen die Raumzeit – je mehr Masse, desto mehr Krümmung.*
- *Gravitation kann selbst Licht von seiner Bahn ablenken (1919) – damit überholt er Newtons Forschungen.*
- *Beschreibung der Schwarzen Löcher, bevor sie 2019 erstmals fotografiert werden.*
- *Arbeit an einer „Weltformel“, die bis heute nicht gefunden wurde.*
- *Einsatz für Völkerverständigung und Frieden*

SH 10

➲ Aufgabe 4

a) **Cover der Diogenes-Ausgabe** (ISBN: 978-3-257-23047-5)

- *Das Cover ist in den Farben schwarz-weiß-orange gestaltet.*
- *In der Mitte stehen zwei Männer auf einem orangefarbenen Teppich.*
- *Die Männer sind durch ein orange-weiß kariertes Oberteil miteinander verbunden, es wirkt wie eine Zwangsjacke.*
- *Die Hände der Männer sind vor dem Bauch gefaltet.*
- *Einer der beiden ist dem anderen zugewandt.*
- *Auf den ersten Blick hat das Cover nichts mit Physik oder Physikern zu tun.*
- *Das warme Orange könnte Gefahr oder Liebe signalisieren und symbolisieren.*

b) **Gattung:** *Drama, Komödie*

Erwartungen

- *Komödien sind lustig, bringen den Leser/Zuschauer zum Lachen*
- *gehen gut aus*
- *Unterhaltung und Ablenkung*
- *Spaß*

c) **Textaufbau**

- ☐ ein durchgehender Fließtext, von einem Erzähler vermittelt
- ☐ ein in Kapitel eingeteilter Prosatext
- ☒ vorwiegend Dialoge
- ☐ Reime und Verse
- ☒ Akte
- ☐ Szenen
- ☒ einige Regieanweisungen
- ☒ mehrheitlich kurze Dialoge
- ☐ mehrheitlich lange Dialoge

Inhaltssicherung – Erster Akt (S. 11–53)

➲ Aufgabe 1 (11–14) SH 11

b) **Beschreibung der Kleinstadt sowie der Umgebung:**
Das Privatsanatorium ‚Les Cerisiers' liegt in einer Kleinstadt, die wenig attraktiv und irgendwie verlassen wirkt. Es werden einige dort angesiedelte Institutionen und Unternehmen genannt und mit der umliegenden Natur kontrastiert. Berge, Hügel, Wälder und ein See wirken romantisch und sorgen für eine gewisse Idylle. Aber es gibt auch eine Strafanstalt mit Insassen, die in einem landwirtschaftlichen Großbetrieb arbeiten. Der Hinweis auf die Verbrecher, die im Freien arbeiten, und auf die Irren, die in der Anstalt leben, macht das Städtchen zu einem ungewöhnlichen Ort. Man möchte nicht in dieser Stadt leben, die man sich grau und uninteressant vorstellt.

c) **Personenkreise**
In dem Sanatorium gibt es vor allem reiche Menschen, die sich dieses Haus leisten können: Aristokraten, Politiker, Millionäre, Schriftsteller, Großindustrielle, die manisch-depressiv, schizophren oder dement sind. In einer alten Villa befinden sich drei Physiker, die als lenkbar, leicht zu behandeln und liebenswert beschrieben werden.

d) **Ort, Jahreszeit und Uhrzeit der Handlung (Einheit von Raum, Zeit und Handlung)**
- *Salon der Villa, ehemals der Sommersitz der Familie von Zahnd*
- *November*
- *kurz nach halb fünf nachmittags/einige Tage später dieselbe Szenerie*

➲ Aufgabe 2 (S. 15–18) SH 12

a) **Beginn des Dialogs**
Der Inspektor ist mit seinen Leuten im Salon, da ein Mord geschehen ist. Zuerst nimmt er eine Zigarre aus einem Etui und möchte rauchen, was ihm verwehrt wird. Dann fragt er nach Schnaps, anstatt den angebotenen Tee zu wählen. Der Zuschauer erwartet an dieser Stelle eigentlich Interesse am Mordopfer, an möglichen Tätern oder Tatwaffen. Nun aber beginnt das Gespräch so, als würde der Inspektor einen Besuch abstatten.

b) **Dialog zwischen Inspektor Voß und Oberschwester Boll**

INSPEKTOR RICHARD VOẞ VERHÄLT SICH WIE FOLGT:	richtig	falsch
Das Wichtigste für ihn ist das Opfer.		✗
Er spricht in vollständigen Sätzen.		✗
Er regt sich erst auf, als der Gerichtsmediziner bezüglich des Mordes das Wort ‚großartig' einbringt.	✗	
Er hat Mühe, den Mörder ‚Täter' zu nennen.	✗	
Als er den Täter nicht befragen kann, nimmt er das gleichgültig hin.		✗

DIE OBERSCHWESTER	richtig	falsch
... gibt ausführliche Antworten auf die Fragen von Voß.		✗
... bleibt ruhig und gelassen.	✗	
... zeigt mit ihrem Verhalten, dass etwas nicht Alltägliches passiert ist.		✗
... ist erschüttert über den Verlust der beiden Schwestern.		✗

SH 12 **➲ Aufgabe 3 (S. 18–29)**

a) **Verhalten Sir Isaac Newtons gegenüber dem Inspektor – angesprochene Themen**

Newton stellt sich höflich und respektvoll vor und fragt, was sich abspiele. Dann sprechen sie sachlich über den Mord, wie und mit welcher Waffe er vollführt wurde. Newton nimmt die Informationen zur Kenntnis und widmet sich dann dem Aufräumen. Dass beide, Opfer und Täter, ihm leidtun, kann man fast nicht glauben, da er absolut nüchtern ohne jede emotionale Regung spricht.

Dann wird er plötzlich unverschämt, indem er den Inspektor als vertrottelt bezeichnet. Gleichzeitig verwirrt er diesen, indem er behauptet, er sei nicht Newton, sondern Einstein. Das gipfelt darin, dass er Voß bemitleidet, weil dieser ihn nicht verhaften darf.

b) **Wie beschreibt sich Newton selbst?**

Newton stellt sich als Physiker vor, der er nur geworden sei aufgrund seiner Ordnungsliebe. Anschließend offenbart er sich als Albert Einstein, der er in Wirklichkeit sei. Als der Inspektor ihn daran erinnert, dass auch er eine Krankenschwester umgebracht hat, bezieht Newton sich auf seine Aufgabe als Physiker: zu forschen, nicht eine Frau zu lieben. In einer langen Ausführung erklärt er den Inspektor zum Verbrecher, da dieser zum Beispiel das Licht andrehe, ohne etwas von Elektrizität zu verstehen. Indirekt verweist er auf den Einsatz der Atombombe durch Menschen, die die Tragweite dieser Erfindung gar nicht abschätzen können. Damit belegt er seine eigene Unschuld und sorgt bereits im ersten Zwiegespräch für große Verwirrung beim Publikum.

SH 13 **➲ Aufgabe 4 (S. 15–29)**

a)

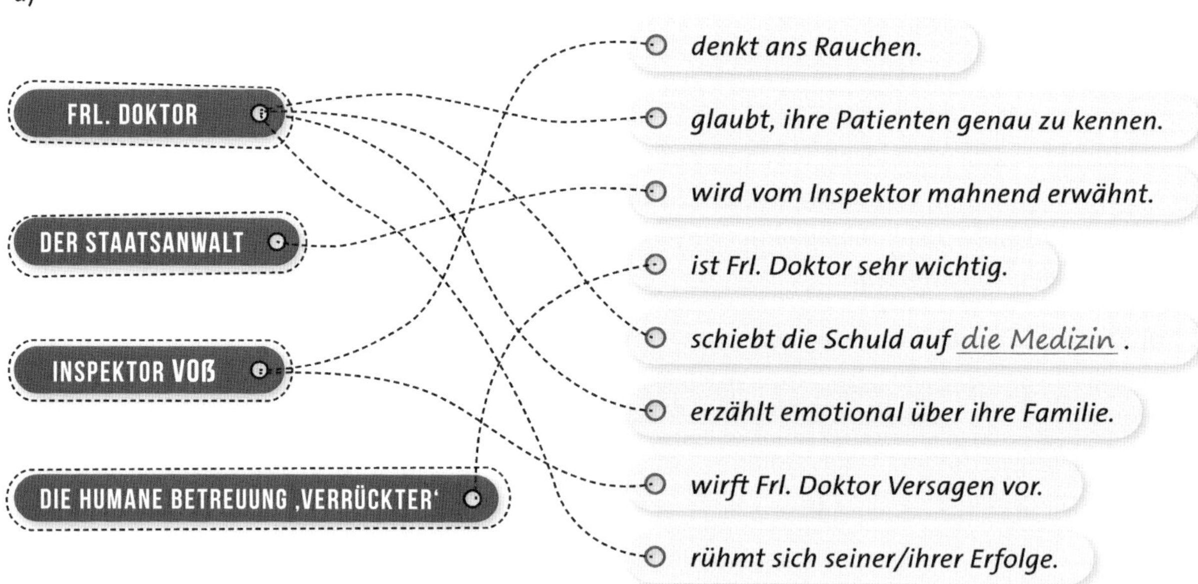

b) **Die Begründung für die Morde liegt für Mathilde von Zahnd eindeutig in dem Beruf der Patienten.**

Beide Täter sind Physiker und haben dementsprechend Kontakt mit Radioaktivität gehabt. Als Kernphysiker seien sie durch eine Veränderung ihres Gehirns deshalb erst wahnsinnig, dann gemeingefährlich geworden. So erklärt sie die Vorkommnisse im Sanatorium.

➲ Aufgabe 5 (S. 30–31) SH 14

Dialog Frl. Doktor mit Oberschwester

- ☐ Sie sorgt sich emotional um die Aufbahrung der ermordeten Schwester Irene Straub.
- ☒ Ihre wenigen Verwandten sind in ihrer Obhut in der Klinik, sind ihr ausgeliefert.
- ☐ Sie möchte weiterhin Krankenschwestern beschäftigen.
- ☒ Die Ärztin weiß, was sie will, und bleibt entschlussfreudig.
- ☒ Die wichtigsten Patienten in ihrer Klinik sind ‚ihre' drei Physiker.

➲ Aufgabe 6 (S. 31–35) SH 14

Gesprächszusammenfassung

Frl. Doktor *begrüßt/empfängt* Frau Rose und ihre Familie und erfährt, dass Frau Rose, ehemals Möbius, *einige Wochen zuvor Oskar Rose geheiratet hat*. Die Familie plant, eine Missionsstation *auf den Marianen* zu übernehmen. Dementsprechend ist Frau Rose eine Verabschiedung ihres ehemaligen Mannes wie auch *das erste Kennenlernen und gleichzeitig die endgültige Verabschiedung von* dessen Kindern wichtig. Darüber hinaus erkundigt sie sich nach *dem Zustand/dem Befinden ihres ehemaligen Mannes*. Frl. Doktor schildert den aktuellen – stabilen – Zustand des Patienten und *beruhigt* Frau Rose. Dennoch beschreibt diese aufgrund ihres schlechten Gewissens, wie sie Möbius kennengelernt und geehelicht hat, gleichsam als *Rechtfertigung bzw. Entschuldigung*. Alle Anwesenden sind ergriffen, als Frau Rose ihre wirtschaftliche Lage anspricht und erklärt, *dass sie sich aufgeopfert hat, um den Aufenthalt ihres ersten Mannes in der Anstalt zu finanzieren*. Sie gibt bekannt, dass sie nun außerstande ist, *die Kosten weiterhin zu tragen, wie sie es 15 Jahre lang unter vielen Opfern getan hat*. Weinend führt sie die *sechs* Buben ihres Mannes an, so dass es nun neun Kinder durchzubringen gilt. Frl. Doktor stellt ihr *Geld aus einer Stiftung in Aussicht und befreit sie damit von den Kosten*.

SH 15 ➲ **Aufgabe 7 (S. 36–44)**

a) **Möbius zu Beginn, während und am Ende des Treffens**

Zu Beginn ist Möbius sehr höflich, nachgerade korrekt, spielt den Unwissenden, lässt sich von seiner Frau über die neue familiäre Situation aufklären. Er begrüßt seine Buben, zeigt Interesse an ihnen, verliert aber kurz die Fassung, als einer der Söhne sagt, er wolle Physiker werden – das möchte Möbius verhindern. Er zeigt sich erfreut über den Ehemann, ihr Vorhaben. Als die Buben anfangen, Flöte zu spielen, erwähnt Möbius plötzlich Salomo und zitiert einen seiner Psalme, die den Untergang der Menschheit thematisieren. Dies ist die Überleitung zu einem Wutausbruch, der seine Unberechenbarkeit belegt: Möbius verflucht seine Familie, wünscht ihr, zu ersaufen und zu verfaulen – also die Pest an den Hals.

b) **mögliche Visualisierung: emotionale Lage des Physikers Möbius**

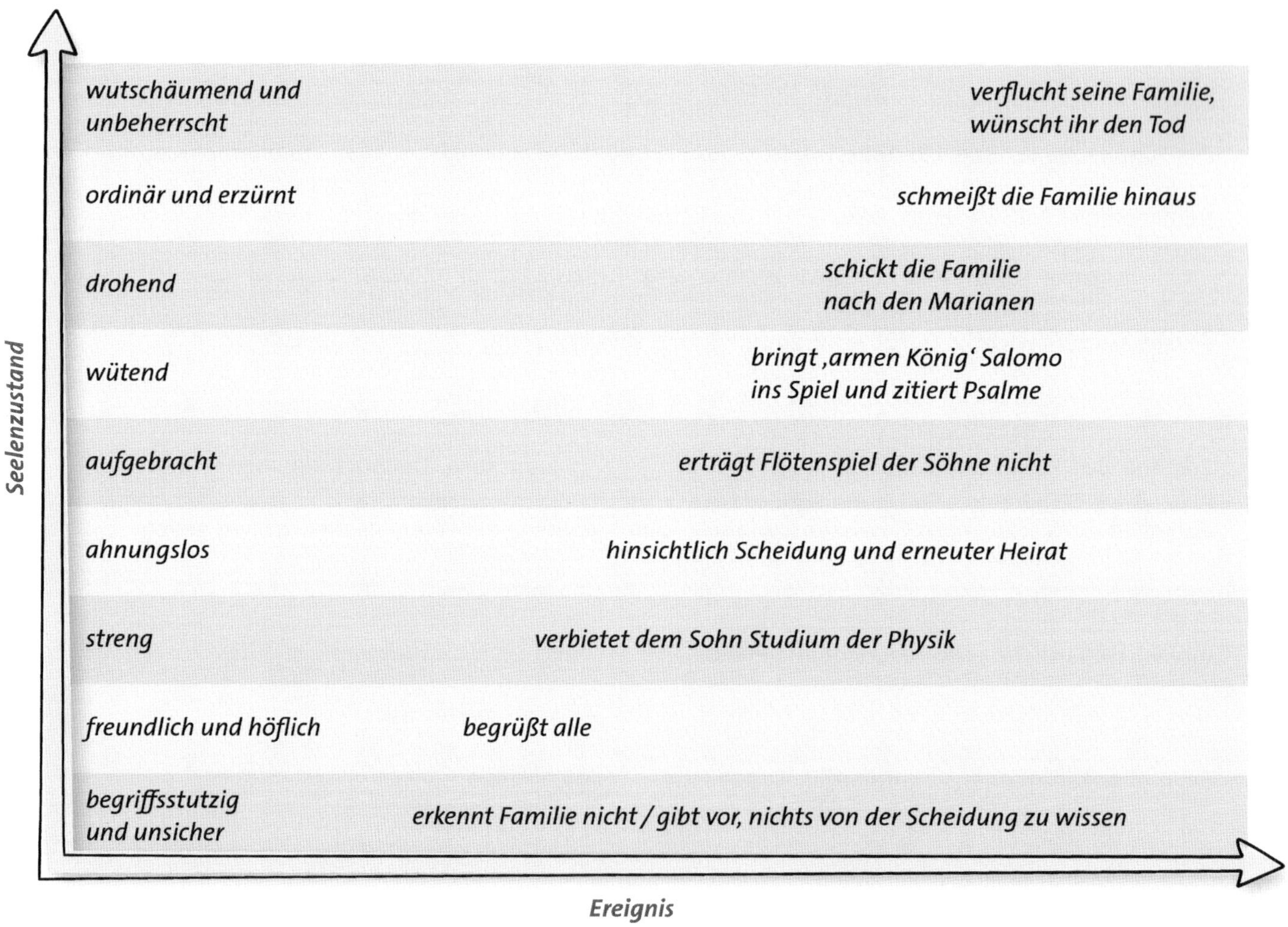

c) **Möbius' heftige Reaktion während des Abschieds**

Möbius spielt den Verrückten, irre Gewordenen, um seiner Frau und seinen Söhnen den Abschied zu erleichtern. Deshalb wird er vulgär, ausfallend und grausam. Aber indem er ihnen die Pest an den Hals wünscht, erleichtert er ihnen den endgültigen Abschied. Nun kann Frau Rose, nachdem sie 15 Jahre lang gezahlt hat, endlich frei sein und ein neues Leben beginnen. So stellt sich Möbius die Reaktion auf sein Ausrasten jedenfalls vor.

Aufgabe 8 (S. 43–53) SH 16

a) **Was ist mit den ersten beiden Krankenschwestern geschehen und aus welchem Grund?**

Das erste Opfer, Dorothea Moser, Ringerin, wird am 12. August von Herbert Georg Beutler (Newton) erdrosselt. Dieser spielt nach der Tat mit der Anstaltsleiterin Schach, um sich zu beruhigen.

Irene Straub, Landesmeisterin des nationalen Judoverbandes, ist das zweite Opfer. Sie wird von Joseph Eisler (Einstein) mit der Schnur der Stehlampe ermordet. Er wiederum kann sich nur beruhigen, indem er nach dem Mord Geige spielt, mit Klavierbegleitung der Chefärztin.

(Als drittes Opfer muss Monika Stettler beklagt werden. Sie wird mit der Vorhangkordel von Möbius erdrosselt.)

Grund: *In allen Mordfällen handelt es sich um Liebe und die Gefahr der Offenbarung der wahren Identität des jeweiligen Täters.*

b) **Richtige Reihenfolge**

Nr.	Text
6	Während Möbius bereut, sein Geheimnis preisgegeben zu haben, äußert Monika ihr Begehren und den Wunsch nach Kindern von ihm.
1	Nachdem Möbius seine Familie verflucht hat, um den Abschied zu erleichtern, gesteht Schwester Monika ihm, dass sie ihn durchschaut und nicht für verrückt hält.
2	Nun offenbart auch Möbius seine Liebe zu Monika.
7	Sie versteht sich als Retterin, die ihn in die Freiheit und damit Öffentlichkeit führt.
10	Möbius gesteht Newton den Mord, Einstein geigt erneut, und der Zweite Akt beginnt.
8	Die Hochzeit ist geplant, ein Job ist gefunden und sie hat auch für Möbius seinen ehemaligen Lehrer aufgetan, damit dieser dessen Manuskripte liest.
3	Er reagiert emotional, spricht von seinen Empfindungen für sie und der mangelnden Fähigkeit, diese zu zeigen.
5	Monika versichert erneut, dass sie Möbius nicht für verrückt hält und auch an seine Erscheinung glaubt.
4	Einstein betritt den Salon und bittet Monika zu fliehen, da ihre Liebe sie gefährde.
9	Als Monika die Funktion des Königs Salomo in Frage stellt, erzürnt sie Möbius, will aber eigentlich ihre Zukunftspläne entwerfen. Sie packt seine Manuskripte für den Umzug ein, woraufhin Möbius sie erdrosselt.

Inhaltssicherung – Zweiter Akt (S. 54–87)

SH 18 ➲ **Aufgabe 1 (S. 54–61)**

a)

- ☒ beruft sich auf seine Pflicht
- ☒ verbessert den Sprachduktus (Wortwahl) der Chefärztin
- ☒ resigniert
- ☒ spricht wenig und mit Ellipsen
- ☐ ~~möchte den Täter sprechen~~
- ☒ nimmt die Dinge hin, wie sie im Sanatorium üblich sind
- ☐ ~~freut sich über Zigarre und Schnaps~~
- ☒ nennt auf Nachfrage den Zustand des Staatsanwalts
- ☐ ~~wirkt engagiert und tatkräftig~~

b) **Mathilde von Zahnds Reaktion nach dem dritten Mord in ihrem Sanatorium**

Sie bietet dem Inspektor eine Zigarre und Schnaps an und möchte ihm den Mörder vorführen. Des Weiteren lobt sie die getötete Pflegerin als außerordentlich einfühlsam und betont ihre Wertschätzung ihr gegenüber. Es scheint, als habe sie sie wirklich liebgewonnen. Allerdings kommt sie anschließend gleich auf ihren medizinischen Ruf zu sprechen, den sie zu verlieren droht. Dieser ist ihr wichtiger als ihr Personal.

c) **Physiker Möbius im Dialog mit Inspektor Voß und Mathilde von Zahnd**

MÖBIUS	richtig	falsch
... ist einer Ohnmacht nahe und muss sich abstützen.	✕	
... ruft mehrmals ‚Monika', wobei seine Bestürzung sichtbar wird.		✕
... beruft sich auf König Salomo, der ihm den Mord befahl.	✕	
... trinkt mit Voß Kognak.		✕
... möchte verhaftet werden, da er sich schuldig fühlt.	✕	
... ist Inspektor Voß gegenüber devot und untertan.	✕	
... bereut seine Tat, auch wenn sie in seinen Augen notwendig erscheint.	✕	

d) **Inspektor Voß' Aussage deuten**

Für Inspektor Voß ist es nicht begreiflich, dass ein Mörder, der geständig ist, nicht verhaftet werden darf. Allein der Aufenthalt in der Psychiatrie schützt die Physiker vor einer Strafe, da sie ja nicht zurechnungsfähig sind. Dieser Umstand ist für Inspektor Voß so unerträglich wie ungerecht, da alle anderen Mörder zur Rechenschaft gezogen werden dürfen und müssen. Für ihn ist damit die Gerechtigkeit in eine Schieflage geraten. Die bildhafte Beschreibung ,die Gerechtigkeit macht Ferien' vermittelt gut, dass Recht und Gesetz ausgesetzt sind für eine gewisse Zeit. Das ,immense Gefühl' ist nicht als großartig zu verstehen, sondern als sarkastischer Ausdruck der Hilflosigkeit des Inspektors. Er ist machtlos und kann die Situation nicht ändern.

Anmerkung: Es gibt auch Interpretationsansätze, in denen davon ausgegangen wird, dass Voß tatsächlich froh und glücklich über die Pause ist. Hinsichtlich dieser Deutung gehen die Interpreten wohl davon aus, dass Voß nicht wirklich hilflos und verzweifelt ist, sondern eben eine verdiente Pause einlegen möchte. Ich halte diesen Ansatz nicht für vertretbar.

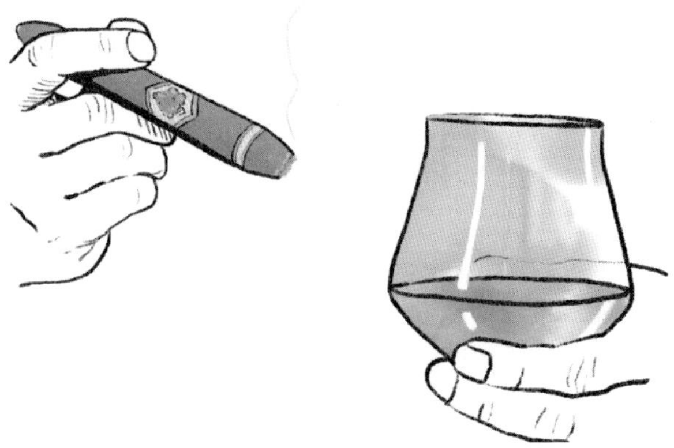

SH 20 ➲ **Aufgabe 2 (S. 61–78)**

a) **Steckbrief Einstein**

Name:
Joseph Eisler, Entdecker des Eisler-Effekts

Deckname:
Einstein, Ernst Heinrich Ernesti

hervorstechende Eigenschaften: (für seine Rolle)
Geige spielen

Auftrag:
den größten Physiker zu entführen und in sein Land zu bringen

Geheimdienst:
Osten, vielleicht Russland

Auffälligkeiten:
freiwillig 1950 verschollen, Befehl ist Befehl, durch Mord Aufdeckung verhindern

Steckbrief Newton

Name:
Alec Jasper Kilton, Begründer der Entsprechungslehre

Deckname:
Newton, Herbert Georg Beutler

hervorstechende Eigenschaften: (für seine Rolle)
Schach spielen, Deutsch lernen für diese Mission

Auftrag:
den genialsten Physiker der Gegenwart entführen und in sein Land bringen

Geheimdienst:
Westen, vielleicht USA

Auffälligkeiten:
hat den Geheimdienst selbst auf die Spur des Physikers gebracht
Befehl ist Befehl, durch Mord Wahnsinn belegen

b) **Diskussion**

Individuelle Lösung

➲ Aufgabe 3 (S. 61–77)

SH 22

Gesprächder drei Physiker miteinander

a) **Zitate**

Ob die Menschheit den Weg zu gehen versteht, den wir ihr bahnen, ist ihre Sache, nicht die unsrige.
S. 70, Z. 16–18
Newton

Auch unser System muß der Wissenschaft aus der Hand fressen.
S. 70, Z. 24 f.
Einstein

Meine Machtpolitik besteht gerade darin, daß ich zugunsten einer Partei auf meine Macht verzichtet habe.
S. 73, Z. 1–3
Einstein

Wir liefern der Menschheit gewaltige Machtmittel.
S. 70, Z. 9 f.
Einstein

Es geht um die Freiheit unserer Wissenschaft und um nichts weiter.
S. 70, Z. 14 f.
Newton

Unsere Wissenschaft ist schrecklich geworden, unsere Forschung gefährlich, unsere Erkenntnis tödlich.
S. 74, Z. 15–17
Möbius

Es gibt Risiken, die man nie eingehen darf: der Untergang der Menschheit ist ein solches.
S. 73, Z. 19 f.
Möbius

[...] aber Sie sind ein Genie und als solches Allgemeingut.
S. 68, Z. 24 f.
Newton

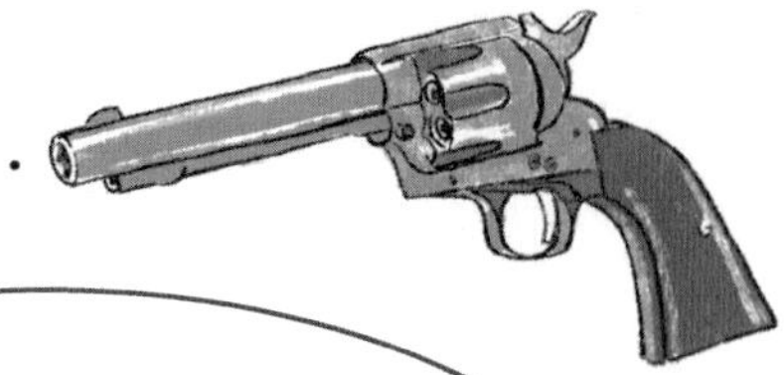

Gefangen, aber frei.
S. 77, Z. 31

Einstein

Physiker, aber unschuldig.
S. 77, Z. 32

Möbius

Nur im Irrenhaus sind wir noch frei. Nur im Irrenhaus dürfen wir noch denken. In der Freiheit sind unsere Gedanken Sprengstoff.
S. 75, Z. 10–12

Möbius

b) **Fazit der Physiker**

NEWTON

- *Ideal: auf beweisbare Fakten begründete Wissenschaft*
- *Forschungsergebnisse und Pionierarbeit sind Allgemeingut, also frei und ohne Verantwortung für die Politik.*
- *kämpft für die Freiheit der Wissenschaft*
- *Der Mensch müsse selbst entscheiden, was er daraus mache.*

EINSTEIN

- *will den Menschen die Machtmittel liefern und diese an Bedingungen knüpfen*
- *Erkenntnisse müssen in die Verantwortung der Machtpolitik eines Landes gelangen und einer Partei zur Verfügung gestellt werden.*
- *Physiker muss zurückstecken und Erkenntnisse abgeben.*

MÖBIUS

- *Pflichtbewusst hat er die Folgen seiner Erkenntnisse studiert und fordert die Eigenverantwortlichkeit des Wissenschaftlers.*
- *hält die Wissenschaft für schrecklich, Forschung für gefährlich, die Erkenntnis für tödlich*
- *Die verheerenden Folgen will er nicht in die Hände der Menschen geben.*
- *will den Untergang der Menschen verhindern und ordnet sein Handeln dementsprechend unter*
- *Aus Verantwortungsbewusstsein opfert er sein Leben: die Karriere, die Familie, den Ruhm.*
- *Kapitulation vor der Wirklichkeit nötig*
- *Das Wissen muss zurückgenommen werden.*
- *hält seine Weltformel zurück, hat alle Papiere verbrannt*

FAZIT

Die Physiker einigen sich darauf, auf die reale Welt zu verzichten und im Sanatorium zu bleiben. Einstein und Newton müssen sich Möbius anpassen, da es keinen anderen Ausweg gibt.

Aufgabe 4 (S. 78–87)

SH 25

a) **Vollständige Sätze**

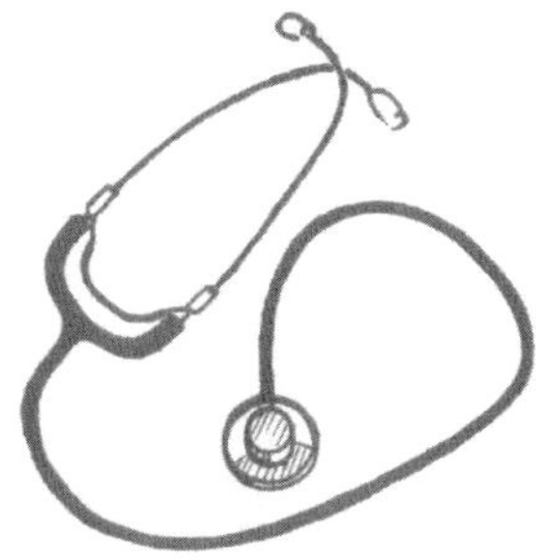

Frl. Doktor offenbart den Physikern ihr wahres Gesicht, indem sie erklärt, dass König Salomo auch ihr erschienen sei. Er habe sie als würdige Dienerin mit der heiligen Weltherrschaft beauftragt.

Ihre Verwandtschaft hält sie für verrückt und nicht zurechnungsfähig.

Tatsächlich ist Mathilde von Zahnd nicht die kompetente Ärztin und Leiterin einer psychiatrischen Anstalt, sondern eine größenwahnsinnige, machtbesessene Konzernchefin, die die Erkenntnisse des Physikers Möbius gestohlen hat, umsetzt und in die Produktion geht.

Nachdem die Ärztin alle Aufzeichnungen zur ‚Weltformel' von Möbius kopiert hat, baut sie einen mächtigen Trust auf und sichert sich die Macht.

Die drei frisch eingestellten Pfleger sind in Wahrheit Mitarbeiter des Konzerns. Sievers ist der Chef der Werkpolizei.

Die drei Physiker reagieren auf die offenen Worte der Mathilde von Zahnd wie folgt: Sie resignieren, ergeben sich in ihr Schicksal, da es keinen Ausweg gibt. Jeder von ihnen gibt seine Biografie bekannt, wobei Möbius sich nun als König Salomo vorstellt und dessen Identität annimmt.

b) **Vorstellung am Ende der Komödie**

- ☐ Sie werden das Sanatorium verlassen.
- ☒ Sie resignieren.
- ☐ Sie werden weiterhin wissenschaftlich arbeiten und ihr Werk jeweils beenden.
- ☒ Sie sind sich darüber bewusst, dass sie Gefangene des Frl. Doktor sind.
- ☒ Sie verabschieden sich endgültig von der wirklichen Welt außerhalb der Klinik.

c) **Rezension für die Zeitschrift *Theaterwerkstatt***

Individuelle Lösung

Figuren und ihre Beziehungen

Charakterisierung von Dr. Mathilde von Zahnd

SH 27 ➲ **Aufgabe 1**

- *stammt aus einer alteingesessenen Adelsfamilie*
- *kein gutes Verhältnis zu ihrer Familie*
- *hält die Verwandten in ihrem Sanatorium fest*
- *Besitzerin und Leiterin des Sanatoriums ‚Les Cerisiers'*
- *angesehene Ärztin*
- *55 Jahre alt*
- *buckliger Rücken*

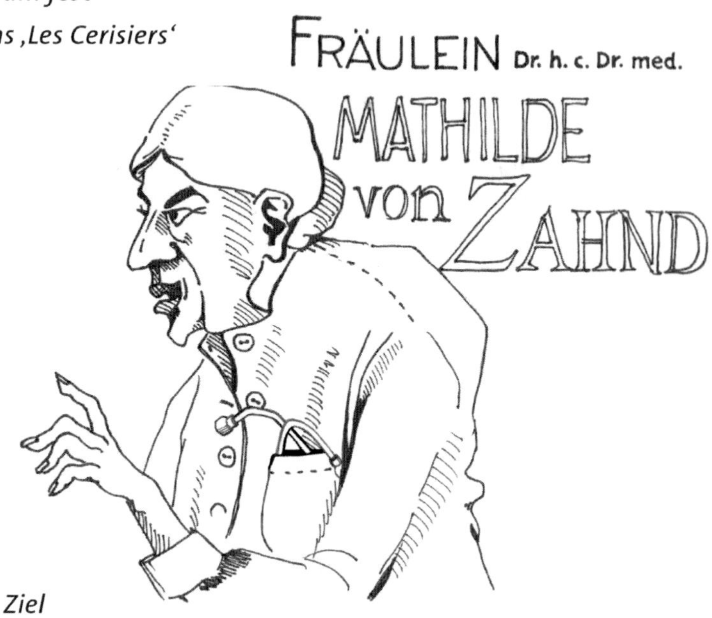

ambivalenter Charakter

- *freundlich*
- *verständnisvoll*
- *empathisch*
- *großzügig (Frau Rose gegenüber)*
- *gibt Nächstenliebe vor*

versus

- *planvoll und egoistisch verfolgt sie ihr Ziel*
- *machtgierig und machtbesessen*
- *hochmütig und überheblich*
- *größenwahnsinnig (gelebte Hybris)*
- *unsensibel und gefühlskalt*
- *skrupellos und gewissenlos (führt Morde herbei)*
- *geldgierig*
- *verlogen und unehrlich*
- *kriminell (stiehlt wissenschaftliche Erkenntnisse)*

- *wird am Ende als verrückt und irre entlarvt*
- *ist die personifizierte Menschenverachtung*
- *symbolisiert die Verkörperung des Bösen*

Beziehungen von Dr. von Zahnd zu anderen Figuren

➲ **Aufgabe 2**

SH 28

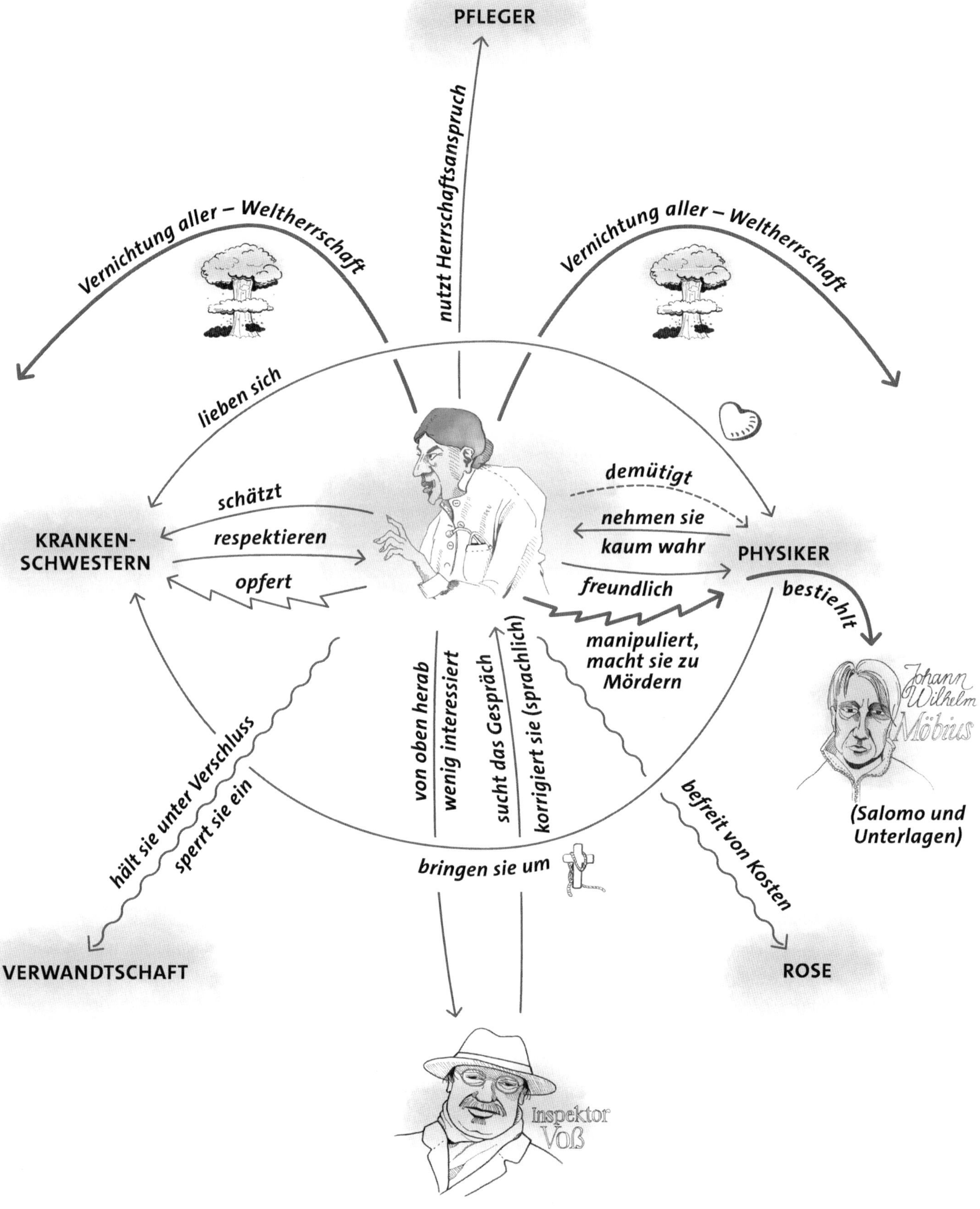

Charakteristisches Verhalten von Inspektor Voß

SH 29 ➲ **Aufgabe 3**

a) **Verhalten von Inspektor Voß – Ersten und Zweiter Akt**

INSPEKTOR VOß	Seite 15–17	Seite 54–56
Vorgehensweise/ Verhalten	▪ *denkt zuerst an seine Bedürfnisse (rauchen, trinken)* ▪ *fragt nach* ▪ *möchte den Mörder sprechen* ▪ *empört sich über das Geigenspiel* ▪ *verlangt vehement nach der Chefärztin*	▪ *lehnt eine angebotene Havanna ab* ▪ *möchte auch keinen Schnaps* ▪ *will den Täter nicht sprechen* ▪ *vollführt Routineuntersuchung, nur das Nötigste wird angeordnet*
Empfindlichkeit/ Empfindung	▪ *schwitzt, wirkt erschöpft* ▪ *fühlt sich hilflos* ▪ *fühlt sich fertig gemacht* ▪ *sieht keinen Ausweg aus dem Dilemma (Realität – Irrenanstalt)*	▪ *findet es nicht heiß, während von Zahnd schwitzt* ▪ *pflichtbewusst* ▪ *resigniert* ▪ *kennt und respektiert die Grenzen der Ermittlungen in der Klinik* ▪ *wirkt eher gleichgültig*
Sprache/ Art des Sprechens	▪ *kurze Sätze* ▪ *parataktischer Satzbau/Parataxe* ▪ *Ellipsen* ▪ *Ein-Wort-Fragen* ▪ *Oberschwester verbessert ihn in seiner Wortwahl (Mörder = Täter = Kranker)*	▪ *kurze Sätze* ▪ *parataktischer Satzbau/Parataxe* ▪ *Ellipsen* ▪ *Ein-Wort-Fragen* ▪ *Inspektor verbessert von Zahnd in deren Wortwahl (Mörder = Täter = Kranker)*

b) **Fazit**

Während der Inspektor im Ersten Akt noch an einer Aufklärung interessiert ist und den Mörder als solchen bezeichnet, ergibt er sich Anfang des Zweiten Aktes seinem Schicksal. Nun nimmt er die Haltung des Klinikpersonals ein, spricht von „Täter" und kritisiert die Wortwahl des Frl. Doktor von Zahnd, die nun ihrerseits von Mord und Mörder spricht. Auch die von ihr angebotene Zigarre und den Schnaps lehnt er bei seiner Ankunft ab. Eine Aufklärung und konsequente Verhaftung und rechtsprechende Verurteilung ist für ihn auch im dritten Mordfall nicht möglich; das hat er nun endgültig akzeptiert und resigniert. Letztlich regt er sich nicht mehr auf und schwitzt nicht mehr wie im Ersten Akt, sondern wirkt müde und resigniert, bemüht sich nicht mehr, das Recht und die Gerechtigkeit einzufordern.

Charakteristisches Verhalten der Physiker und Dr. von Zahnd

Aufgabe 4

SH 30

Planvolles Vorgehen und seine Konsequenzen

PLANVOLLES HANDELN DER PHYSIKER	PLANVOLLES HANDELN DES FRL. VON ZAHND
- *Möbius entscheidet sich für das Irrenhaus, um seine Forschungsergebnisse nicht der Außenwelt zu übermitteln.* - *Mord: ein Tod für die Rettung der Menschheit (altruistisch)* - *Newton und Einstein büßen ihre Freiheit für einen Geheimdienst ein, um ihre Mission zu erfüllen.* - *Mord: Tod, um eigene Identität zu wahren (egoistisch)*	- *Von Zahnd kopiert heimlich nach und nach die Forschungsergebnisse von Möbius, um sie später für ihren Machtausbau zu nutzen.* - *Sie führt die Krankenschwestern den Physikern in dem Wissen zu, dass diese sie umbringen werden, wenn ihre Identität gefährdet würde und die Wahrheit ans Licht käme. So setzt sie auf die Liebe als Gefahrenquelle.* - *Durch ihre weise Voraussicht (Antizipation) der Reaktionen und Handlungen der anderen kommt sie ihrem Plan immer näher.*
KONSEQUENZEN	**KONSEQUENZEN**
- *Die Physiker Newton und Einstein morden, um ihre Identität zu wahren und ihre Mission zu Ende zu bringen, was scheitert. Schließlich geben sie ihre Freiheit lebenslänglich auf, weil kein Entkommen möglich ist.* - *Möbius mordet, um die Menschheit vor dem Einsatz seiner Erfindungen zu bewahren. Seine Opfer – Familie, Erfolg, Ruhm, Geld – sind letztlich umsonst, da er die Umsetzung seiner Erkenntnisse nicht verhindern kann.* - *Alle drei sitzen nun in einem Hochsicherheitstrakt und werden streng bewacht, so dass Doktor von Zahnd ihre Pläne umsetzen kann.* - *Physiker als machtlose Geschöpfe, die keinen Einfluss auf die Gesellschaft haben* - *Die Freiheit im Irrenhaus ist eine Illusion.* - ***Dürrenmatt:*** ***„Planmäßig vorgehende Menschen wollen ein bestimmtes Ziel erreichen. Der Zufall trifft sie dann am schlimmsten, wenn sie durch ihn das Gegenteil ihres Ziels erreichen: Das, was sie befürchteten, was sie zu vermeiden suchten." (S. 92)***	- *Durch die Morde sind die Physiker nun endgültig als verrückt einzustufen, so dass es keinen Ausweg aus der Irrenanstalt mehr gibt.* - *So kann von Zahnd ihren Trust ausbauen, die Weltherrschaft übernehmen und ihre Macht walten lassen, wie es ihr beliebt.* - *Sie wird die Forschungsergebnisse von Möbius ausschlachten und für ihre Machtansprüche einsetzen. Dass dies eben nicht zum Wohle der Menschheit geschieht, ist ersichtlich.* - *Jetzt hat nicht der kluge und besonnene Möbius die Verantwortung oder ein Staat (Osten/Westen), sondern eine verrückte Irrenärztin alleine.* - *Die Machthaberin und Menschenverachterin wird die wissenschaftlichen Erkenntnisse missbrauchen.* - ***Dürrenmatt:*** ***„Die schlimmstmögliche Wendung ist nicht voraussehbar. Sie tritt durch Zufall ein." (S. 91)***

1

Johann Wilhelm Möbius

- *Physiker mittleren Alters, erfolgreicher Wissenschaftler*
- *Vollwaise, hat mit 15 Jahren seine spätere Frau Lina kennengelernt*
- *seit 15 Jahren im Sanatorium*
- *viele Erfindungen, unter anderem die ‚Weltenformel' – ein System für alle möglichen Erfindungen*

ambivalenter Charakter

- *spielt seine Rolle als Verrückter überzeugend, Narrenkappe als Schutz*
- *als ‚unbeholfen' beschrieben*
- *schauspielerisches Talent (hilflos, unsicher, aufbrausend ...)*
- *planvoll*
- *charakterfest und willensstark*
- *pflicht- und verantwortungsbewusst*
- *intellektuell und kenntnisreich*
- *ehrgeizig, forscht für sich weiter*
- *umsichtig und besonnen*
- *aufopferungsvoll*
- *uneigennützig und altruistisch, möchte die Menschheit vor Unheil bewahren*
- *kapituliert vor der Wirklichkeit, kein Interesse mehr an Außenwelt*
- *ehrlich gegenüber Schwester Monika (bezüglich ihrer Liebe)*

soziale Beziehungen

- *lebt mit Newton und Einstein in einem Gebäude*
- *Liebe zu Schwester Monika Stettler*
  - *Monika durchschaut und enttarnt ihn.*
  - *Möbius bringt sie um, um seine Tarnung aufrecht zu erhalten.*
  - *Mord aus ethischer Zwangslage heraus, um die Menschheit zu schützen.*

2

Einstein

- *Physiker mittleren Alters, erfolgreicher Wissenschaftler*
- *hager, Schnurrbart*
- *raucht Pfeife und spielt Geige*
- *für einen Geheimdienst tätig (Osten)*

Charakter

- *spielt seine Rolle als Verrückter überzeugend*
- *als harmlos, liebenswert, leicht zu behandeln und anspruchslos beschrieben*
- *naiv*
- *korrumpierbar*
- *berechenbar*
- *egoistisch*
- *machtbewusst hinsichtlich wissenschaftlicher Errungenschaften*

soziale Beziehungen

- *lebt mit Möbius und Newton in einem Gebäude*
- *Liebe zu Schwester Irene Straub*
  - *Irene durchschaut und enttarnt ihn.*
  - *Einstein bringt sie um, um seine Tarnung aufrecht zu erhalten.*
  - *Mord als Mittel zum Zweck*

Newton

- *Physiker mittleren Alters, erfolgreicher Wissenschaftler (Gravitation)*
- *trägt Kostüm des 18. Jahrhunderts sowie eine Perücke*
- *für einen Geheimdienst tätig (Westen)*

Charakter

- *spielt seine Rolle als Verrückter überzeugend*
- *als harmlos, liebenswert, leicht zu behandeln und anspruchslos beschrieben*
- *kultiviert*
- *Genussmensch, trinkt und isst gerne*
- *ordnungsliebend*
- *ironisch, spielt mit dem Inspektor*
- *arrogant*
- *korrumpierbar*
- *verantwortungslos, lehnt die Verantwortung eines Wissenschaftlers für seine Forschungsergebnisse ab*

soziale Beziehungen

- *lebt mit Möbius und Einstein in einem Gebäude*
- *Liebe zu Schwester Dorothea Moser*
  - *Dorothea durchschaut und enttarnt ihn.*
  - *Newton bringt sie um, um seine Tarnung aufrecht zu erhalten.*
  - *Mord als Mittel zum Zweck*

Charakterisierung der Physiker Möbius, Newton und Einstein

➲ **Aufgabe 5** SH 31

a) **Charaktere**

b) Individuelle Lösung

c) Individuelle Lösung

Hinweis: Es bietet sich an, den Lernenden diese Doppelseite zur Übersicht zum Abschluss der Aufgabe zur Verfügung zu stellen.

SH 34 ➲ **Aufgabe 6**

a) und b)

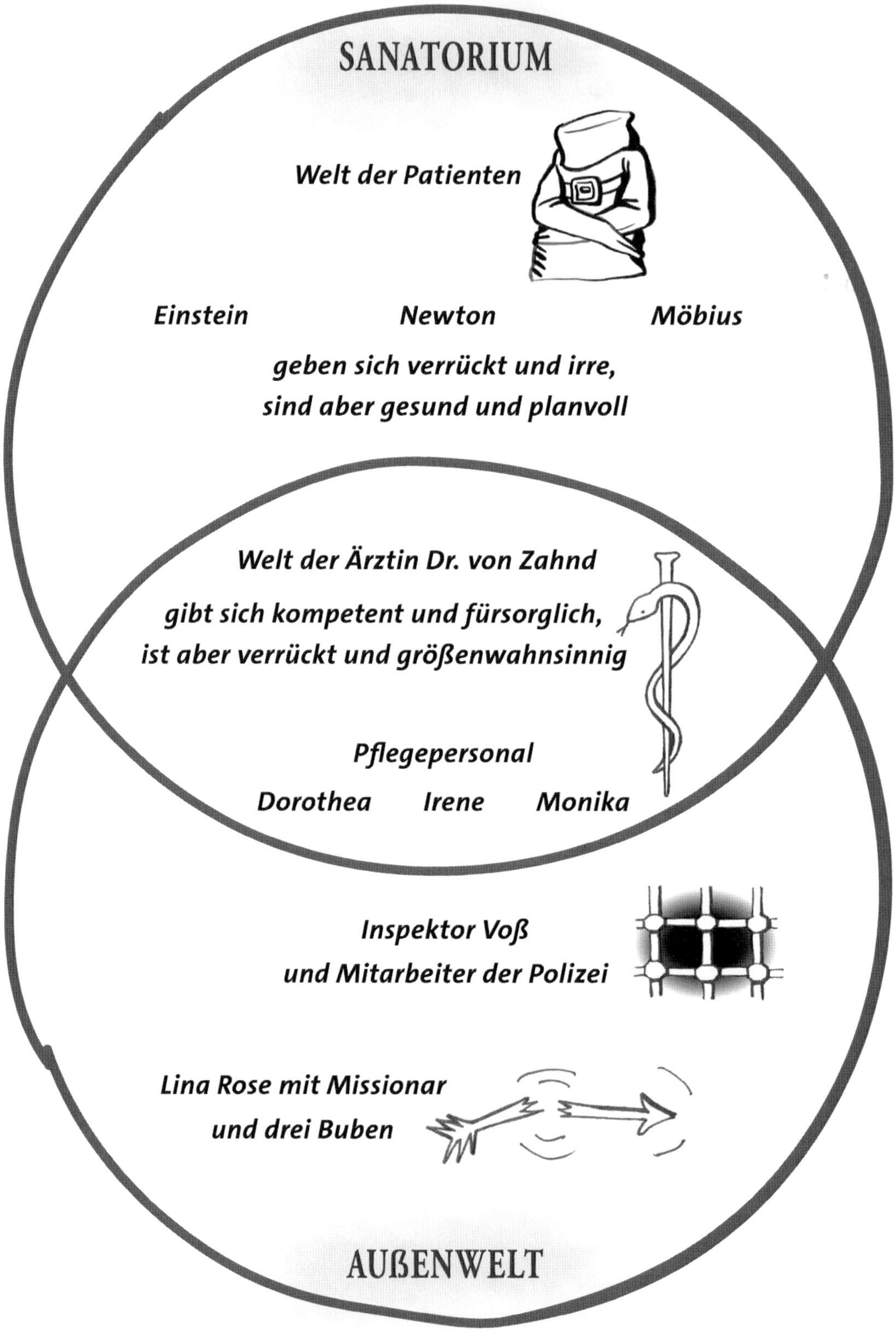

c) Individuelle Lösung

Produktive Schreibaufgaben im Stil des Prüfungsteils A2

SH 43

SCHREIBAUFGABE 1 – Inspektor Voß– innerer Monolog S. 60 f.

„Ich könnte jubeln. Ich habe drei Mörder gefunden, die ich mit gutem Gewissen nicht zu verhaften brauche. Die Gerechtigkeit macht zum ersten Male Ferien, ein immenses Gefühl. Die Gerechtigkeit, mein Freund, strengt nämlich mächtig an, man ruiniert sich in ihrem Dienst gesundheitlich und moralisch, ich brauche einfach eine Pause." (S. 60, Z. 28 – S. 61, Z. 2)

Als Inspektor Voß durch den Park des Sanatoriums zum Ausgang geht, denkt er nochmals über die Zustände in der Klinik nach.

➲ **Verfasse den inneren Monolog des Inspektors.**
Schreibe mindestens 250 Wörter.

VORARBEIT

Verhaltenund Charakterzüge des Inspektors:

- *zuerst ambitioniert und motiviert, den zweiten Mord aufzuklären*
- *beim dritten Mord ratlos, resigniert*
- *leidet am Versagen der Justiz in der paradoxen Welt*
- *Zigarre rauchen, Alkohol trinken*
- ***Ziel:** Beruf ernst nehmen, präzise analysieren und für Gerechtigkeit sorgen*
- ***Erkenntnis:** Verhaftung nicht umsetzbar, Gesetze im Sanatorium nicht relevant*
- ***Gefühle:** Hilflosigkeit, Resignation, Scheitern*
- ***Gedanken:** Wie gehe ich damit um? Wie verkrafte ich diese Niederlage? Sind die Verrückten schuld an der Situation? Oder ist es die Leiterin?*
- ***Sprachduktus:** Parataxe und Ellipsen, prägnant und möglichst nüchtern formulieren, aber auch erregt*

Innerer Monolog Inspektor Voß

Was mache ich hier? Ist das die Möglichkeit? Drei Täter – drei Mörder! Es sind ja doch Mörder! Sie haben alle eine Frau umgebracht, brutal, ohne Rücksicht, ohne Emotionen – und spielen dann einfach Schach – oder Klavier? Ist das die Möglichkeit!

Ich bin Kriminalbeamter geworden, weil mir Recht und Ordnung wichtig sind; ja und Gerechtigkeit, vor allem Gerechtigkeit. Unerlässlich in einer Gesellschaft. Es muss Gesetze und moralische Vorstellungen geben, damit Menschen Orientierung haben, Möglichkeiten, aber auch Pflichten erfüllen. Verdammt. Und nun habe ich hier drei intelligente Menschen vor mir ... ihr Wissen und ihre Erkenntnisse ... die können nicht irre sein ... das Besondere: alle völlig ohne Empathie!

Drei Irre, die Freibriefe haben, zu morden. Und mir sind die Hände gebunden ... aber es ist nicht rechtens ... es darf nicht sein ... ich kann nichts tun!

Könnte man nicht einen Untersuchungsausschuss bilden, der die Schuldfähigkeit der Insassen überprüft? Sie sind ja geständig, geben den Mord zu, nennen die Mordwaffe, das Motiv – wissen sie, dass die Mauern des Sanatoriums sie schützen, dass ich sie nicht verhaften darf?

Aufhören, meine Berufung über Bord werfen, nein, als Beamter kann ich mir das nicht leisten; aber erhalte Geld, ohne meine Pflicht zu tun, nämlich Mörder zu überführen, zu verhaften und hinter Gitter zu bringen. Hilflos, ich bin hilflos.

Aber ich habe eine Verantwortung – auch den Opfern gegenüber – und möglichen künftigen Opfern. Wer weiß schon, was hier in dieser Anstalt sonst noch passiert. Es passiert ja nichts, wenn man an diesem Ort Gesetze bricht. Die Täter sind ja nicht von dieser Welt, aber rauchen und trinken wie im wirklichen Leben – das schon. Rauche und trinke auch, was bleibt einem sonst in diesen düsteren Zeiten; vielleicht betäubt es ein wenig. Brauche viel Betäubung ... kann man nur mit Zigarren und Schnaps ertragen. Und ich mache Urlaub oder lasse mich beurlauben oder gehe für immer. Der Gedanke ist unerträglich. Ich brauche dringend einen anderen Mörder, den ich überführe, inhaftiere und per Gesetz verurteilen lasse.

So, jetzt schnell den Park verlassen – es reicht für heute. Ausruhen, Abstand gewinnen und durchatmen. In die normale Welt zurückkehren. Hoffentlich muss ich nie wieder hierherkommen. Normale Mörder, die sind mir die liebsten.

Noch acht Jahre bis zur Pensionierung, ob ich das schaffe? Ich muss durchhalten, es bleibt nichts anderes ... vielleicht gibt es keine Morde mehr, lieber kleinere Delikte, kleine Strafverfahren, auf der sicheren Seite sein, will ich auch ... bin so geschafft ... so müde ... so enttäuscht ... keine Kraft mehr.

(399 Wörter)

SCHREIBAUFGABE 2 – Doktor Mathilde von Zahnd – persönlicher Brief/Interview (Bezug: S. 80–85)

SH 43

a) Nachdem sich Doktor Mathilde von Zahnd als von König Salomo ernannte Nachfolgerin von Möbius outet und alle Physiker entsetzt feststellen müssen, dass sie verrückt und größenwahnsinnig ist, kippt das Gesamtbild. Die Verrückten sind normal, die erfolgreiche, machtbesessene Ärztin ist verrückt:

„Die Rechnung ist aufgegangen. Nicht zugunsten der Welt, aber zugunsten einer alten, buckligen Jungfrau.“ (S. 85, Z. 6–8)

- **Verfasse einen persönlichen Brief Doktor von Zahnds an den weisen König Salomo, der ihr erschienen ist und sie zu seiner Vertreterin ernannt hat.**
  Schreibe mindestens 250 Wörter.

ODER

- **Schreibe ein Interview, in dem ein Reporter Doktor von Zahnd zu ihrem Weltunternehmen befragt.**
  Schreibe mindestens 250 Wörter.

VORARBEIT

Verhalten und Charakterzüge des Frl. Doktor

- *hat zwei Gesichter, die beide zum Tragen kommen*
  – zu Beginn: gibt sich freundlich, verständnisvoll, fürsorglich und kompetent
  – am Ende: zeigt ihr wahres Gesicht als Machtbesessene, Größenwahnsinnige

- ***Brief:***
  – wahres Gesicht kommt zum Vorschein
  – Größenwahn als Verrückte, dem König Salomo als Dienerin ergeben
  – lässt sich auf ihn ein und glaubt an ihn
  – entwirft ihre Zukunft

- ***Interview:***
  – hält die Fassade einer erfolgreichen Ärztin und Geschäftsfrau aufrecht
  – gibt nicht zu, machtbesessen zu sein und die Erkenntnisse gestohlen zu haben
  – stellt sich mit ihrem Trust so dar, als würde sie zum Wohle der Menschheit agieren
  – macht keine konkreten Angaben zu den Forschungen, macht nur vage Andeutungen

- ***Sprachduktus:***
  – im Brief erregt, euphorisch und emotional
  – im Interview zurückhaltend, nüchtern, sachlich

Persönlicher Brief an König Salomo

Les Cerisiers, den 1.12.1961

Lieber König Salomo,

gut hast du daran getan, mich als Herrscherin auszuwählen. Ich bin deiner würdig. Möbius ist nur ein schwacher Charakter, der nicht zu seinen Erkenntnissen steht und sie der Menschheit vorenthält. Dafür hat er sein Leben geopfert, ach was, zerstört. So klug als Wissenschaftler und Forscher, so dumm im Umgang mit seinen Erkenntnissen – weil er den Menschen nicht vertraut. Als Vertreter deiner Weisheit auf Erden ist er völlig ungeeignet. Er lässt sich manipulieren wie eine Marionette, hat nicht bemerkt, wie ich mir seine Erkenntnisse nach und nach angeeignet habe. Lässt seine Frau für seinen Zufluchtsort schuften, verlässt seine Kinder, verzichtet auf Ruhm und Geld, setzt sich lieber in eine geschlossene Anstalt. Er ist dein Verräter!

Aber nun sei gewiss, dass dein Wille geschehe. Deine heilige Weltherrschaft ist nun nicht mehr in Gefahr. Was Möbius verschweigen will, ist Verrat an dir. Ich diene dir und mache die Weltformel zu dem, was sie verdient – eine für die Menschheit erfahrbare, brauchbare. Auch wenn sie Schaden anrichten kann, muss sie Einsatz finden, die Menschen haben es nicht anders verdient. Gut, dass ich die Aufzeichnungen kopiert habe. Mit einigen Erfindungen habe ich bereits Kapital erwirtschaftet, so dass ich mehrere Firmen aufbauen konnte und nun einen mächtigen Trust vorweisen kann. Die Wahrheit befindet sich in meiner Anstalt – von hier aus wird sie die ganze Welt erobern – in deinem Namen wird die Welt nun Gerechtigkeit erfahren. Mein Weltunternehmen wird unter deinen Augen zum Welterfolg, die Produktion läuft und bald bin ich die alleinige Herrscherin über die Welt, diesen Planeten, das Sonnensystem – in deinem Namen habe ich die Physiker vernichtet, in deinem Namen werde ich die Welt kontrollieren als Alleinherrscherin.

Deine dir treu ergebene Dienerin

Mathilde

(284 Wörter)

Interview eines Reporters mit Dr. Mathilde von Zahnd

Reporter:
Dr. von Zahnd, neben Ihrem berühmten Sanatorium haben Sie nun einen Weltkonzern aufgestellt. Wie schaffen Sie es, sich um Ihre Patienten zu kümmern und gleichzeitig Konzernchefin zu sein? Ihr Tag hat doch auch nur 24 Stunden.

Dr. von Zahnd:
Ja, man muss seine Ziele hartnäckig verfolgen. Erkenntnisse und Erfindungen, die mir zugespielt wurden, mussten an die Öffentlichkeit gebracht und umgesetzt werden. Also habe ich diese Herausforderung angenommen und mehrere Fabriken gebaut, einen Weltkonzern aufgestellt. Dafür musste ich natürlich einige Ärzte einstellen, die einen Teil meiner medizinischen Aufgaben im Sanatorium übernommen haben. So konnte ich mehr Zeit in meine Unternehmen investieren. Darüber hinaus stärkt mir der Verwaltungsrat den Rücken. Man braucht eben gute Mitarbeiter.

Reporter:
Apropos Mitarbeiter. Sind Sie jetzt ein großer Arbeitgeber für die Stadt, die ja ihre besten Jahre schon hinter sich hat? Werden hier bald blühende Landschaften entstehen?

Dr. von Zahnd:
Natürlich gibt es hier einige Arbeitsplätze, die durchaus interessant sein können für die Bevölkerung. Es gibt noch einige Posten zu besetzen. Aber eines ist doch klar: Mein Trust arbeitet weltweit, ich habe also weltweit Holdings, um eine gute Vernetzung zu garantieren. Ich habe den größten, bedeutendsten Weltkonzern, der wertvolle Forschungsergebnisse umsetzen wird.

Reporter:
Um welche Erkenntnisse und Erfindungen handelt es sich denn? Dürfen Sie darüber sprechen?

Dr. von Zahnd:
Ich sage nur so viel: Alle Menschen können von den wissenschaftlichen Errungenschaften profitieren. Länder, Nationen, Staaten, Kontinente werden gestärkt und haben unendliche Möglichkeiten, sich zu entfalten. Die Frage ist und bleibt, zu wessen Nutzen oder Schaden diese Erkenntnisse eingesetzt werden.

Reporter:
Also kann auch Gefahr davon ausgehen und großes Leid bringen? Verstehe ich Sie da richtig?

Dr. von Zahnd:
Wenn Sie so wollen, ja! Aber ich als Konzernchefin ziehe die Fäden und werde nicht nur steuern, was, wie, wo produziert und eingesetzt wird, sondern alles auch kontrollieren. Da können Sie ganz beruhigt sein.

Reporter:
Frau Doktor von Zahnd, ich danke Ihnen für das Interview und wünsche größtmöglichen Erfolg bei dem Aufstieg Ihres Weltunternehmens.

(326 Wörter)

SH 44

b) **Unterschiede**

Inhaltliche Unterschiede

Motivation für den Brief ist ihre Hybris, ihr Größenwahn

- *ausgehend von Salomo geht sie auf den schwachen Möbius ein*
- *erklärt, wie sie den Physiker zur Strecke gebracht hat*
- *spricht Salomo direkt an und dankt ihm als Auserwählte*
- *umschreibt ihre künftige Aufgabe und Rolle*
- *verspricht Salomo, in seinem Sinne zu handeln*
- *glaubt an ihre Mission, stellt nichts in Frage*

= Gesicht der irren Irrenärztin in ihrer Hybris

Motivation für das Interview ist ihr zu erwartender Erfolg

- *sagt nicht die Wahrheit, sondern spricht von zugespielten Erkenntnissen*
- *möchte seriös wirken und anerkannt werden*
- *stellt sich als Wohltäterin der Stadt und der Welt dar*
- *verheimlicht ihre wahren (bösen) Absichten*
- *stellt vage die Größenordnung ihrer Erfindungen dar*

= Gesicht einer seriösen und ambitionierten Konzernchefin

Formale Unterschiede

- *Brief mit Anrede, Ort und Datum – Abschlussformel*
- *personale Ich-Perspektive*
- *Adressat einbeziehen, direkt ansprechen oder befragen*
- *relativ chronologisch/logisch aufgebaut, grammatikalisch korrekt*

- *Interview in Dialogform*
- *direkte Rede*
- *Frage-Antwort zu Anlass, Diskussion, Lösung*
- *Reaktionen: verwobenes Aufeinander-Eingehen sowie Fragen/Impulse aufgreifen*

Themen, Motive und Symbolik

Verkehrte Welt – Paradoxe Welt

Aufgabe 1 SH 45

Bedeutung des Wortes *paradox*

- *etwas kaufen, das man nicht braucht*
- *Corona-Masken tragen in Zügen und Bussen → aber nicht im Flugzeug*
- *Teamgeist gefordert → aber Individualität gefördert*

paradox =

- ***widersprüchlich***
- ***befremdlich***
- ***sonderbar***
- ***wider Erwarten***
- ***manchmal überraschend***

- *gesunde Ernährung → aber Zigaretten/Alkohol*
- *bei Word zum Herunterfahren auf das Einschaltsymbol gehen*
- *Geld ausgeben, das man nicht hat*
- *ökologischen Fußabdruck verkleinern → aber Fernreisen machen*
- *freie Arbeitsplätze → aber viele Untätige/Arbeitslose*

ZUSATZMATERIAL

Für leistungsstarke Klassen kann die Lehrkraft die beiden Arbeitsblätter zu **Paradoxon** und **Groteske** (S. 43 f.) ergänzend kopieren.

SH 46 ➲ **Aufgabe 2**

Zusammenstellung paradoxer Verhältnisse/Ereignisse

Paradoxe Verhältnisse

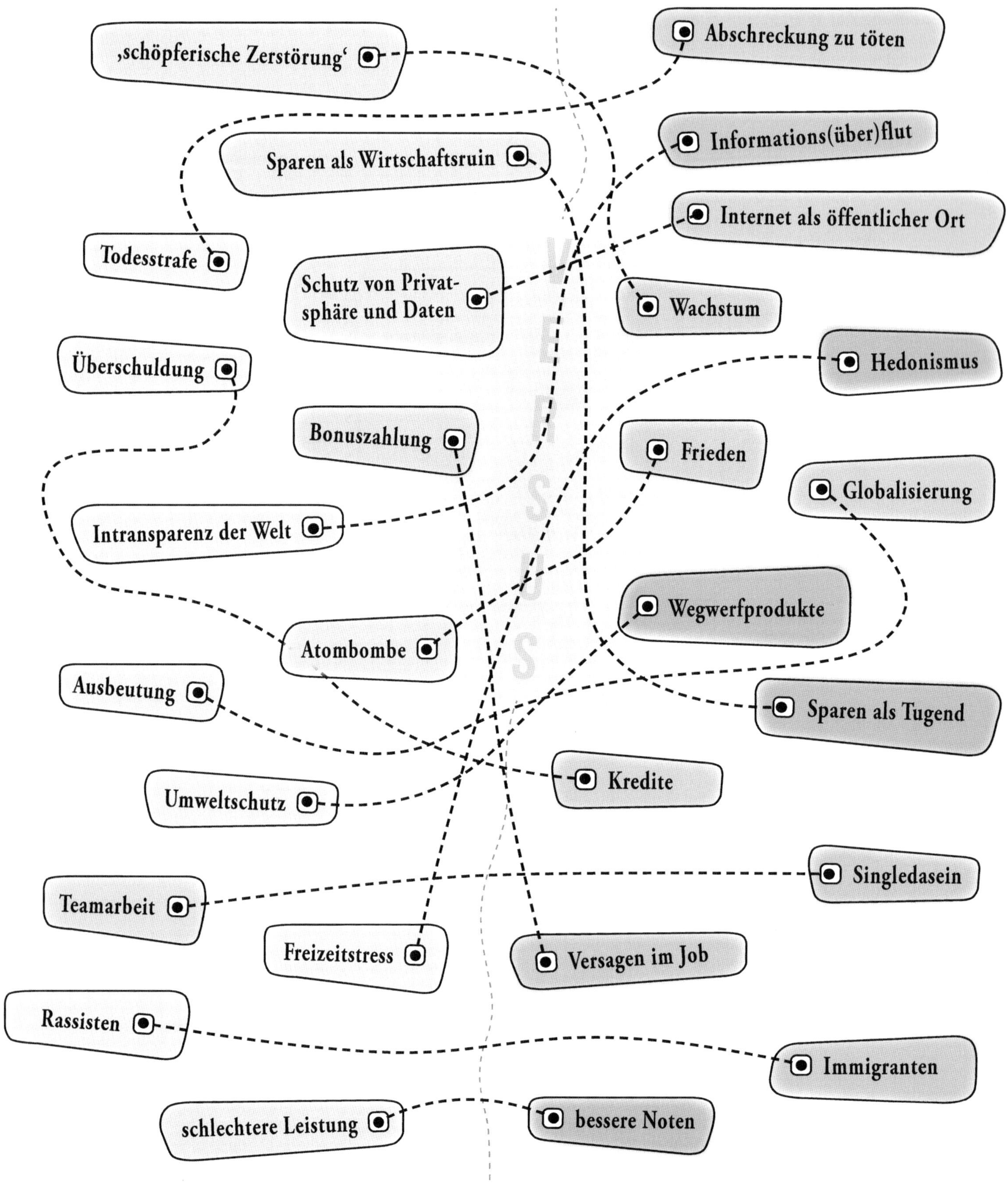

Paradoxon – Groteske

➲ **Aufgabe 1**

Suche Situationen/Motive/Themen und Dialoge aus der Komödie heraus, die grotesk oder paradox auf dich wirken. Erläutere die Wirkung auf dich und begründe deine Auswahl.

➲ **Aufgabe 2**

Welche Elemente der Bühnengestaltung/Regie/Figurenzeichnung wirken grotesk bzw. paradox? Begründe deine Wahl, indem du auch die Wirkung auf dich berücksichtigst.

Paradoxon

Friedrich Dürrenmatt:
„Die Tragödie setzt Schuld, Not, Maß, Übersicht, Verantwortung voraus. In der Wurstelei unseres Jahrhunderts, in diesem Kehraus der weißen Rasse, gibt es keine Schuldigen und auch keine Verantwortlichen mehr. Alle können nichts dafür und haben es nicht gewollt. Es geht wirklich ohne jeden. [...] Schuld gibt es nur noch als persönliche Leistung, als religiöse Tat. Uns kommt nur noch die Komödie bei. Unsere Welt hat ebenso zur Groteske geführt wie zur Atombombe, wie ja die apokalyptischen Bilder des Hieronymus Bosch auch grotesk sind. Doch das Groteske ist nur ein sinnlicher Ausdruck, ein sinnliches Paradox, die Gestalt nämlich einer Ungestalt, das Gesicht einer gesichtslosen Welt, und genauso wie unser Denken ohne den Begriff des Paradoxen nicht mehr auszukommen scheint, so auch die Kunst, unsere Welt, die nur noch ist, weil die Atombombe existiert: aus Furcht vor ihr."[1]

Horst Bienek:
„Der Mensch ist für mich ein Wesen, das nur durch Paradoxe, komödiantische Mittel, Formen, dargestellt werden kann, denn der Mensch geht nicht auf wie eine Rechnung, und wo der Mensch so aufgeht, ist die Rechnung sicher gefälscht. Anders ausgedrückt: das Komödiantische ist meine dramaturgische, ich möchte fast sagen: meine wissenschaftliche Methode, mit der ich mit dem Menschen experimentiere, um oft Resultate zu erhalten, die mich allerdings oft selber verblüffen."[2]

Friedrich Dürrenmatt:
„Der Sinn der paradoxen Handlung ‚mit der schlimmstmöglichen Wendung': Er liegt nicht darin, Schrecken auf Schrecken zu häufen, sondern darin, dem Zuschauer das Geschehen bewusst zu machen, ihn vor das Geschehen zu stellen. Der Verfremdungseffekt liegt nicht in der Regie, sondern im Stoff selbst. [...] Die Identifikation, zu welcher der Zuschauer neigt, ist erschwert, weil der Zuschauer durch die paradoxe Handlung gezwungen wird, zu objektivieren [...]."[3]

1 Friedrich Dürrenmatt: Gesammelte Werke 7. Essays/Gedichte. Diogenes Verlag, Zürich 1996, S. 59.
2 Horst Bienek: *Werkstattgespräche mit Schriftstellern*. dtv, München 1969, S. 124.
3 Friedrich Dürrenmatt: *Gesammelte Werke 7. Essays/Gedichte*. Diogenes Verlag, Zürich 1996, S. 101 f.

Groteske

Reinhold Grimm:

„Das Groteske als Grundstruktur prägt bei Dürrenmatt das gesamte Werk: Drama wie Erzählung, Hörspiel wie Roman. Es erscheint in der Metaphorik, der Motivik, Personendarstellung und Namengebung, im Aufbau der Szenenfolgen und in der Anordnung der Erzählkomplexe, es erscheint in der Stoffwahl und in der Gestaltung der Stoffe. Die Möglichkeiten sind bunt und vielfältig, beinahe verwirrend. Da ist das Monströse und die maßlose Übertreibung. Da ist die Vermengung des ursprünglich und wesenhaft Getrennten: das Tierhafte wuchert ins Menschliche hinein, Anorganisches belebt sich, das Grässliche wird mit der Aura der Schönheit umgeben, und die Sprache klappert mechanisch als totes Geräusch. Da ist schließlich der plötzliche, unvermutete Aufeinanderprall der Gegensätze – als Umschlag und Überschlag von übermütigem Spiel in blutigen Ernst, von Gelächter in Entsetzen, von Titanismus in Idiotie.“[4]

Friedrich Dürrenmatt:

„[...] Es ist wichtig, einzusehen, daß es zwei Arten des Grotesken gibt: Groteskes einer Romantik zuliebe, das Furcht oder absonderliche Gefühle erwecken will (etwa indem es ein Gespenst erscheinen läßt), und Groteskes eben der Distanz zuliebe, die nur durch dieses Mittel zu schaffen ist. Es ist nicht zufällig, daß Aristophanes, Rabelais und Swift kraft des Grotesken ihre Handlungen in ihrer Zeit abspielen ließen, Zeitstücke schrieben, ihre Zeit meinten. Das Groteske ist eine äußere Stilisierung, ein plötzliches Bildhaftmachen und gerade darum fähig, Zeitfragen, mehr noch, die Gegenwart aufzunehmen, ohne Tendenz oder Reportage zu sein. Ich könnte mir daher wohl eine schauerliche Groteske des Zweiten Weltkrieges denken, aber noch nicht eine Tragödie, da wir noch nicht die Distanz dazu haben können. Darum denn Don Quijote und Sancho Pansa, aber auch die Vögel des Aristophanes. Diese Kunst will nicht mitleiden wie die Tragödie, sie will darstellen. So sind die grotesken Reisen des Gulliver gleich einer Retorte, in der durch vier verschiedene Experimente die Schwächen und die Grenzen des Menschen aufgezeigt werden. Das Groteske ist eine der großen Möglichkeiten, genau zu sein. Es kann nicht geleugnet werden, daß diese Kunst die Grausamkeit der Objektivität besitzt, doch ist sie nicht die Kunst der Nihilisten, sondern weit eher der Moralisten, nicht die des Moders, sondern des Salzes. Sie ist eine Angelegenheit des Witzes und des scharfen Verstandes (darum verstand sich die Aufklärung darauf), nicht dessen, was das Publikum unter Humor versteht, einer bald sentimentalen, bald frivolen Gemütlichkeit. Sie ist unbequem, aber nötig ...“[5]

Wolfgang Kayser:

„Im Grotesken entfremdet sich die Welt, die Formen verzerren sich, die Ordnungen unserer Welt lösen sich auf [...] ein unheimlicher Mechanismus scheint über Dinge und Menschen gekommen zu sein. Entscheidend dabei ist, dass diese Entfremdung den Boden unter den Füßen fortzieht und keine Sinndeutung zulässt: Jedes Pathos oder jedes Werben um Mitleid für die Opfer würde das Groteske gefährden [...] Unheimliche Kräfte brechen in unsere Welt ein und entfremden sie uns und allem Lächeln über das Verzerren und Aus-den-Fugen-geraten ist immer ein Grauen beigemischt, wenn uns nicht das Lächeln überhaupt vergeht. Dabei ist es keineswegs so, dass die nächtlichen, abgründigen Mächte immer als Fratzen und Monstren sichtbar werden [...]
Oft enthüllt sich freilich der genauen Analyse der unmenschlich-dämonische Charakter.“[6]

---

4 Reinhold Grimm: *Parodie und Groteske im Werk Dürrenmatts.* In: *Theater unserer Zeit. Der unbequeme Dürrenmatt.* Band 4, hrsg. von Reinhold Grimm. Basilius Presse, Basel/Stuttgart 1962, S. 92 ff.

5 Friedrich Dürrenmatt: *Gesammelte Werke 7. Essays/Gedichte.* Diogenes Verlag, Zürich 1996, S. 26 f.

6 Wolfgang Kayser: *Das sprachliche Kunstwerk, Eine Einführung in die Literaturwissenschaft,* Francke Verlag, Bern 1948 (20. Aufl. 1992), S. 384.

Aufgabe 3 SH 47

a)

ZITATE	VERHALTEN/HANDLUNG
Newton dreht den Spieß um: „Sie sind hier der Kriminelle, Richard." (Newton, S. 23, Z. 7 f.)	1. Akt *Der Inspektor soll den Mordfall untersuchen, denkt aber erstmal an seine Genussmittel:* „Man darf doch rauchen?" (Inspektor, S. 15, Z. 1) „Lieber Schnaps." (Inspektor, S. 15, Z. 5) „Hier dürfen nur die Patienten rauchen und nicht die Besucher." (Newton, S. 19, Z. 16 f.)
„Für wen sich meine Patienten halten, bestimme ich." (Frl. Doktor, S. 25, Z. 25 f.)	
„Ich leite eine Heilanstalt, nicht ein Zuchthaus." (Frl. Doktor, S. 26, Z. 6 f.) „Ihr seid in euer eigenes Gefängnis geflüchtet." (Frl. Doktor, S. 84, Z. 23 f.)	2. Akt *Inspektor Voß korrigiert Frl. Doktors Sprachduktus (vgl. S. 55):* *Mörder – seien doch Täter* *Mord – sei ein Unglücksfall* *lehnt Zigaretten und Schnaps ab*
„Es handelt sich nicht um Mörder, sondern um Verrückte, und die können eben jederzeit morden." (Inspektor, S. 26, Z. 9 f.)	
Möbius liebt Schwester Monika und ist zu Tränen gerührt, bringt sie aber erbarmungslos um: „Mut ist in meinem Falle ein Verbrechen." (Möbius, S. 51, Z. 1)	*Physiker sprechen über ihre wahre Identität und offenbaren sich, während sie ein ausgewähltes Menü genießen und schlemmen (S. 61 ff.)* *drei Morde in einem Irrenhaus, die ohne Konsequenzen geschehen können*
„Nur im Irrenhaus sind wir noch frei." (Möbius, S. 75, Z. 10)	*Verwechslung zwischen Schein und Sein:* *erfolgreiche Ärztin ist die Verrückte versus Physiker sind klug und normal* *symbolischer Salomo als der Weise und Gerechte versus Salomo als Weltherrscher*
„Die Welt ist in die Hände einer verrückten Irrenärztin gefallen." (Einstein, S. 85 , Z. 23 f.)	

b) Individuelle Lösung,
denkbare Punkte: ironische Wirkung, Irritation, Belustigung

Weisheit und Verantwortungsbewusstsein

SH 48 ➲ **Aufgabe 1**

b) **Urteil des Salomo**

Gerechte und ausgewogene Urteile zu fällen, ist auch für lebenserfahrene Richter/-innen nicht immer leicht. Salomo hat sein Urteilsvermögen auf den Gefühlen einer Mutter basiert und durch die Provokation, das Kind solle zerteilt werden, eine authentische und im Affekt geäußerte Reaktion erhalten: Die wahre Mutter will das Kind leben lassen, die falsche hätte es zerteilen lassen. Dieser weltbekannte Urteilsspruch macht aus König Salomo einen weisen und sehr klugen Richter.

SH 50 ➲ **Aufgabe 2**

a) **Möbius' Bezug auf Salomo**

Möbius hat König Salomo erwählt, weil dieser Weisheit und Gerechtigkeit symbolisiert. So rechtfertigt er seine persönliche Entscheidung, die errungenen wissenschaftlichen Erkenntnisse und Erfindungen der Öffentlichkeit vorzuenthalten. So wie Salomo durch eine Provokation herausgefunden hat, welche Mutter das Kind tatsächlich zur Welt gebracht hat, glaubt Möbius, richtig entschieden zu haben. So definiert er seine Position als klug und weise, einem friedvollen und erfolgreichen Herrscher folgend.

b) **Mathilde von Zahnds Bezug auf Salomo**

Mathilde von Zahnd schließt mit Salomo ein Bündnis und geht von seiner Macht aus, die sie auf Erden umsetzen möchte. Sie hält sich für die Auserwählte, die unter Salomos 1000 Frauen hervorsticht. Ihr geht es nicht um Weisheit oder Gerechtigkeit, sondern um die Machtausübung, Alleinherrscherin des Universums zu sein. So rechtfertigt sie den Einsatz der wissenschaftlichen Erkenntnisse und Erfindungen von Möbius, die sie gestohlen hat.

c) **Bedeutung des Psalm Salomos**

- *richtet sich an die Menschen, nicht an Gott (wie gewöhnlich)*
- *Vernichtung und Zerstörung*
- *Erde verloren*
- *Angst vor Untergang der Menschheit*
- *Symbol für den Irrweg der Wissenschaft und mögliche Auswirkungen*

Symmetrie des Aufbaus

Aufgabe 1

SH 52

a) **Parallelität**

	1. AKT	2. AKT
Aufbau der Komödie	*Eröffnungsdialog: Inspektor mit Oberschwester Boll*	*Eröffnungsdialog: Inspektor mit Chefärztin von Zahnd*
	Enthüllungsdialog mit ehemaliger Familie von Möbius	*Enthüllungsdialog der Physiker beim Abendessen*
	Enthüllungsdialog Möbius mit Krankenschwester Monika	*Enthüllungsdialog Dr. von Zahnd mit den Physikern*
paradoxe Welt	*Zufluchtsort Irrenanstalt: Irre sind gesund und klug*	*Wirkungsstätte der Ärztin: Ärztin ist krank und irre*

b) **Kontraste**

	1. AKT	2. AKT
Aufbau der Komödie	*Inspektor ist der Unterlegene, Kritisierte und die Ärztin ist überlegen*	*Inspektor ist der Überlegene und die Ärztin ist die Unterlegene, Kritisierte*
	Möbius ist der Verrückte, die Ärztin die Fürsorgliche, Kompetente	*Möbius ist der Normale, die Ärztin ist die Verrückte, machtbesessene Irre*
	Möbius freiwillig in Anstalt	*Möbius Gefangener in der Anstalt*

c) **Zahl drei**

- *Ahnenbilder der Familie Zahnd drei Mal umgesetzt*
- *drei Physiker im Sanatorium*
- *drei Krankenschwestern/drei Pfleger*
- *drei Morde*
- *drei Möglichkeiten für Möbius, mit der Wahrheit aus der Anstalt zu gehen (Ex-Frau Rose, Schwester Monika, Einstein und Newton)*
- *in beiden Akten je drei umfangreichere Gesprächseinheiten*

Theatertheorie von Dürrenmatt

Dürrenmatts Theaterkonzeption

SH 54

Aufgabe

Individuelle Markierungen

Wirkliche Welt *versus* abgebildete Welt

SH 55

Aufgabe 1

a) und b)

wirkliche Welt

60er Jahre

Der Kalte Krieg
Ost-West-Konflikt

Nuklearwaffen, Atombombe
Versagen der Wissenschaftler

abgebildete Welt
(Komödie)

traditionelles Theater ist unwirksam

ungestaltete Welt – im Umsturz begriffen

kollektive Schuld, der Einzelne trägt keine Verantwortung

schafft *Distanz* beim Publikum

Zuschauer soll *durch die Distanz/Entfremdung nachdenken, Missstände erkennen und entsprechend Verantwortung für sein Handeln übernehmen.*

SH 56

Aufgabe 2

a) und b) **„21 Punkte zu den *Physikern*"**

Individuelle Lösungen

Ethik – die Wissenschaft muss sich ihrer Verantwortung stellen

Eid des Hippokrates für Forscher?

Aufgabe 1 SH 58

a) Individuelle Lösung

b) **Argumente von Ranga Yogeshwar und Otmar D. Wiestler**
Individuelle Lösung, möglich wäre:

- *Wissenschaft hat keinen Absolutheitsanspruch.*
- *Kritik an Wissenschaft durch Soziale Medien – mehr Dialog*
- *Erkenntnisse darf man nicht einmauern.*
- *Gesellschaft muss entscheiden, wo die Grenzen sind.*
- *Wissenschaft hat keine Wächterfunktion, sondern muss Wissen verfügbar machen.*
- *Instanzen, z. B. Gesetzgeber einsetzen für Wächterfunktion*
- *Eid des Hippokrates als ethische Verpflichtung abverlangen*

c) Individuelle Lösung

d) Individuelle Lösung

Aufgabe 2 SH 60

a) **Analyse der Karikatur**
Die Karikatur, in sehr dezenten Farben gehalten, beschäftigt sich mit der Verantwortung des Wissenschaftlers für seine Forschung, im vorliegenden Fall der Gentechnik.

Im Mittelpunkt sieht man einen Käfig mit zwei schreienden Babys, die laut Aussage des etwas verschämt schmunzelnden Arztes genmanipuliert sind. In einer Sprechblase sagt er aus, dass wenn er es nicht getan hätte, es eben jemand anderes getan hätte. Dem entgegnet eine Frau, vermutlich Ärztin oder Krankenschwester, dass diese Aussage gegen jedwede ethisch-moralische Argumentation sei.

Der Arzt, der die genmanipulierten Babys erschaffen hat, fühlt sich in keiner Weise verantwortlich für die Möglichkeiten, die seine Forschung bietet. Er geht davon aus, dass die Möglichkeit der Genmanipulation in jedem Fall genutzt worden wäre, wenn nicht von ihm, dann von einem anderen Arzt. So macht er klar, dass nicht er verantwortlich für die Entscheidung der Nutzung dieser wissenschaftlichen ‚Errungenschaft' ist. Der Vorwurf seines Gegenübers lautet auf ‚Totschlagargument', das jede ethische Verantwortung ausklammert, so wie der Arzt argumentiert.

Die Karikaturistin möchte mit dieser Zeichnung auf die Missstände in der wissenschaftlichen Forschung hinweisen; noch immer wird sehr häufig diskutiert, ob der Erfinder einer Sache auch für deren negativen, zu verurteilenden, gegen die Menschenrechte gerichteten Missbrauch verantwortlich zu machen ist oder nicht.

b) Bezug zu Möbius

Der Physiker Möbius vertritt eben nicht diese Meinung, „wenn nicht ich, dann ein anderer". Er glaubt, die Ausbeutung und den Missbrauch seiner Erfindungen vereiteln bzw. verhindern zu können, indem er sie der Öffentlichkeit vorenthält. Deshalb zieht er sich in das Sanatorium von Dr. von Zahnd zurück und spielt den Verrückten. Als durch die Krankenschwester Monika die Gefahr der Veröffentlichung droht, vernichtet er alle Aufzeichnungen, nicht ahnend, dass von Zahnd sie bereits kopiert und sich entsprechend angeeignet hat. So handelt Möbius völlig anders als der karikierte Arzt, nämlich als Verantwortlicher, der alles opfert, da er der Menschheit nicht vertraut.

Allerdings bewahrheitet sich die Zukunftsperspektive, auf die die Karikatur den Betrachter aufmerksam machen möchte: „Wenn ich es nicht tue, tut es ein anderer bzw. eine andere". Dass Dr. von Zahnd genau das macht, was Möbius unter vielen Opfern verhindern wollte, macht sein planvolles Vorgehen zunichte und sinnlos. In ihrer Machtbesessenheit setzt die verrückte Irrenärztin alle Erfindungen und Erkenntnisse um. Ihr geht es hierbei aber nicht um das Wohlergehen der Menschen, sondern um ihre persönliche Macht, was wahrscheinlich eher zu Ungunsten aller anderen Menschen ausfallen wird. Dr. von Zahnd symbolisiert die personifizierte Menschenverachtung, stellt die Verkörperung des Bösen dar.

Aktueller Bezug heute – der Kalte Krieg ist Geschichte, aber die Gefahr eines Atomkrieges ist real

Die Welt 2022/2023

SH 61 ➲ **Aufgabe 1**

Individuelle Lösung

SH 62 ➲ **Aufgabe 2**

Individuelle Lösung

Aufgaben zum Textverständnis im Stil des Prüfungsteils A2

➲ Aufgabe 1

SH 63

Individuelle Lösung

➲ Aufgabe 2

1. Welchen Eindruck erzeugt die ausführliche Regieanweisung zu Beginn der Komödie?
   - *Ort ist etwas speziell, fremde Welt.*
   - *viele Informationen, die in den Dialogen nicht vermittelbar sind*
   - *Hinweis auf klassisches Drama mit Ironie, da ja Komödie*
   - *Verfremdung durch Andeutung der paradoxen Welt*

2. Welche Kriterien des klassischen Dramas (Aristoteles) sind erfüllt?
   - *Einheit von Raum, Zeit und Handlung*

3. Was kritisiert Dürrenmatt mit seiner Komödie *Die Physiker?*
   - *Kritik an Verantwortungslosigkeit der Wissenschaftler*
   - *Unmöglichkeit der Abwendung der schlimmstmöglichen Wendung*

4. Deute folgendes Zitat: „Eine Geschichte ist dann zu Ende gedacht, wenn sie ihre schlimmstmögliche Wendung genommen hat.“ (S. 91)
   - *Dr. von Zahnd, kompetente Ärztin mit Weltruhm, entpuppt sich als Irre, Machtbesessene, die über Leichen geht.*
   - *private und berufliche Opfer von Möbius umsonst, da keine Verhinderung der Anwendung seiner Erkenntnisse möglich*

5. Beschreibe die Veränderung von Inspektor Voß nach dem zweiten und dem dritten Mord.
   - *denkt zuerst an Zigarren und Schnaps (kennt die Klinik bereits)*
   - *noch ambitioniert, will Mörder zur Rechenschaft ziehen*
   - *akzeptiert später Ohnmacht und Versagen der Justiz in paradoxer Welt*
   - *nimmt Sprachduktus der Ärztin an, ergibt sich in sein Schicksal: kann seiner Aufgabe nicht gerecht werden*

6. Erkläre, welche Gemeinsamkeiten Newton und Einstein verbinden.
   - *Geheimdienstler für ihren jeweiligen Staat*
   - *geben Freiheit auf, um Möbius zu gewinnen*
   - *glauben beide fest an Erfolg ihres politischen Systems*

7. Erläutere die symbolische Bedeutung des König Salomo für Möbius.
   - *Salomo als Erscheinung unterstreicht Verrücktsein*
   - *König als weise und gerecht bekannt – Projektion der Attribute auf seine eigene Entscheidung als klug und weise*

8. Erkläre, was die metaphorische Personifikation „Die Gerechtigkeit macht […] Ferien […]" (S. 60, Z. 30) bedeutet.
   - *Justiz und Instanzen in der paradoxen Welt außer Kraft gesetzt*
   - *Inspektor sind die Hände gebunden: trotz Mörder, Tatwaffe, Geständnis darf er nicht verhaften und für Recht und Ordnung sorgen*

9. Nenne die Opfer, die Möbius erbracht hat.
   Nimm Stellung dazu, ob er diese vergebens geopfert hat oder nicht.
   - *beruflich: Ruhm, Geld, Karriere*
   - *privat: Familie (Ehefrau und drei Buben)*
   - *persönlich: Freiheit, freie Beweglichkeit*
   - *vergebens geopfert, da von Zahnd seine wissenschaftlichen Errungenschaften stiehlt und davon profitiert*
   - *Sie setzt menschenverachtend das ein, was Möbius verhindern wollte.*

10. Erkläre, worauf folgender Satz hinweist: „Nicht wahr, Sie ärgern sich, mich nicht verhaften zu dürfen?" (S. 22, Z. 8 f.)
   - *Hinweis auf Ohnmacht des Inspektors; kann seiner Aufgabe nicht gerecht werden*
   - *darf nicht tun, was seine Aufgabe ist: Mörder hinter Gitter bringen*

11. Welches Ziel verfolgt Dr. Mathilde von Zahnd mit ihrem Sanatorium?
   - *ist auf Macht erpicht*
   - *will Menschen und Menschheit beherrschen – dominant*
   - *Klinik nun die Zentrale ihrer Macht (Trust)*

12. Erläutere, wie die drei Physiker jeweils die Pflicht der Wissenschaft definieren.
   - *Newton: Forschung ist frei, ohne Verantwortung für Politik, Wissenschaftler hat keine ethisch-moralische Verpflichtung*
   - *Einstein: Forschung zur Verfügung einer Partei für Machtpolitik, Wissenschaftler müssen Erkenntnisse abgeben*
   - *Möbius: Wissenschaftler muss Erkenntnisse einstufen können, abwägen und pflichtbewusst entscheiden, ob Öffentlichkeit oder nicht; ethisch-moralische Verantwortung liegt beim Wissenschaftler*

13. Inwiefern macht Inspektor Voß einen unüblichen Eindruck bei seinen Recherchen?
   - *fragt nach Zigarre und Schnaps*
   - *fängt nicht gleich an zu recherchieren*
   - *elliptische Fragen und Antworten, wenig ausführlich*

14. Der 1. und der 2. Akt weisen im ersten Dialog mit dem Inspektor eine spiegelbildlich verkehrte Situation auf. Erläutere, an was sich diese ‚Verkehrung' festmachen lässt.
   - *denkt zuerst an seine Bedürfnisse (rauchen, trinken)/lehnt eine angebotene Havanna ab, möchte auch keinen Schnaps*
   - *möchte den Mörder sprechen/will den Täter nicht sprechen*
   - *empört sich über das Geigenspiel/vollführt Routineuntersuchung*
   - *verlangt vehement nach der Chefärztin/nur das Nötigste wird angeordnet*
   - *schwitzt, wirkt erschöpft/findet es nicht heiß, während von Zahnd schwitzt*
   - *fühlt sich hilflos/pflichtbewusst, aber auf die Möglichkeiten reduziert*

15. Erkläre, warum Möbius sich während der Verabschiedung seiner Familie in den Irrsinn hineinsteigert und absolut beleidigend und vulgär wird.
   - *glaubt, der Abschied falle seiner Frau so leichter*
   - *möchte nicht, dass die Familie leidet und sich schwer trennt*
   - *bestätigt seinen Irrsinn, so dass seine Ex-Frau gewiss ist, sich nicht umsonst aufgeopfert und viel für ihren Mann gezahlt zu haben*

16. Erörtere, ob die Komödie oder vielleicht doch eher die Tragödie die richtige Gattung für diesen Stoff ist.
   - *als Komödie befremdlich hinterfragt man die Aussageabsicht oder*
   - *als klassische Tragödie könnte man die gleiche Botschaft vermitteln*

17. „Die Rechnung ist aufgegangen"(S. 85, Z. 6 f.), so Dr. von Zahnd.
Nenne zwei Aspekte, die auf ihrer Rechnung standen.
   - *die Physiker zu manipulieren (Irrsinn zu wahren, Liebe)*
   - *die Krankenschwestern auf die Physiker anzusetzen (Liebe)*
   - *die Physiker zu Mördern zu machen (Identität wahren)*
   - *die Errungenschaften von Möbius zu stehlen (Kopien anfertigen ohne sein Wissen)*
   - *ihren Weltkonzern umzusetzen und ihre Macht auszubauen*
   - *die Physiker für immer in ihrem Sanatorium gefangen zu halten*
   - *die Welt und die Menschheit zu beherrschen*
   - *ihre Hybris auszuleben, weil die Physiker ihr wahres Gesicht nicht erkannt haben*

18. Erläutere, was Newton unter der ‚Freiheit der Wissenschaft' versteht.
   - *glaubt daran, dass der Wissenschaftler frei forschen soll*
   - *ist gegen eine Verantwortung von Seiten des Wissenschaftlers*
   - *Erkenntnisse sind frei verfügbar.*
   - *Was der Mensch aus Erfindungen macht, geht den Wissenschaftler nichts an.*

19. Wie deutet Möbius die ‚Freiheit der Wissenschaft'? Beschreibe Möbius' Position.
   - *Forschen ist legitim*
   - *Überprüfen der Möglichkeiten durch die wissenschaftlichen Erkenntnisse*
   - *ethisch-moralische Verantwortung wahrnehmen*
   - *wenn Gefahr erkannt wird, muss gehandelt werden*
   - *Verantwortungsbewusstsein der Wissenschaftler führt zu Entscheidung über Forschungsergebnisse*
   - *was einmal gedacht, ist nicht zurückzunehmen, darf aber nicht immer frei verfügbar gemacht werden*

20. Ist Dürrenmatts Komödie heute noch zeitgemäß? Nimm Stellung.
   - Individuelle Lösung

ZUSATZMATERIALIEN

Weitere Schreibanlässe

SCHREIBAUFGABE 1 – Möbius verfasst seine Lebensgeschichte

„Ich bin Salomo. Ich bin der arme König Salomo." (S. 86, Z. 28)

Möbius schreibt in seiner Zelle seine Lebensgeschichte in Form eines Briefs an die Menschheit in der Hoffnung, dass dieser einmal den Weg nach draußen finden könnte.
Darin erinnert er sich, weshalb er Physiker wurde und warum er schließlich ins Irrenhaus gegangen ist.
Er macht sich Gedanken über sein Scheitern und denkt über seinen Mord und seine Verantwortung als Wissenschaftler nach. Dabei überlegt er auch, was er hätte anders machen müssen.

➲ **Verfasse diesen Brief auf einem gesonderten Blatt. Schreibe mindestens 250 Wörter.**

Lösungsvorschlag

An die Menschheit!

Mein Name ist Johann Wilhelm Möbius und ich bin Physiker. Meine Neugier trieb mich immer schon an. Ich wollte die Dinge verstehen, erklären, was noch unklar war. Nur mittels der Physik konnte mir das gelingen. Und so forschte ich unermüdlich. Ich drang in Wissensgebiete vor, die noch niemand erforscht hatte. Bis mir mein Wissensdurst zum Verhängnis wurde. Mir wurde klar, dass ich zu weit gegangen war. Doch was einmal gedacht wurde, kann nicht zurückgenommen werden, das weiß ich jetzt. Fieberhaft überlegte ich, wie ich meine Erfindungen zum Wohl der Menschheit geheim halten könnte. In einem Bibelspruch fand ich schließlich die Lösung. Ich tat so, als würde der König Salomo mit mir sprechen. Alle glaubten, ich hätte den Verstand verloren und man schickte mich ins Sanatorium. Es war hart, meine Frau Lina und unsere Söhne zurückzulassen. Aber ich hatte keine Wahl. Noch schlimmer, als sie mich zum Abschied besuchten, musste ich sie anschreien und beleidigen. So fällt es ihnen hoffentlich leichter, mich zu vergessen und ein neues Leben zu beginnen.

Ich fühlte mich sicher im Sanatorium. Bald wurde mir allerdings klar, dass ich ohne meine Forschung nichts war. Mein einziger Trost war Schwester Monika, meine geliebte Monika. Rastlos forschte ich weiter, anstatt das Richtige zu tun und der Physik den Rücken zuzukehren. Ich entdeckte die Weltformel – die größte und zugleich gefährlichste Erfindung. Und dann kam mir Monika zu nahe. Ich sah keinen anderen Ausweg mehr, als sie zu töten. Sonst wäre alles umsonst gewesen, meine Forschungen wären bekannt geworden. Schließlich vernichtete ich meine Aufzeichnungen. Das hätte ich viel früher tun sollen.

Und dann war es eben doch vergebens. Alles. Dr. von Zahnd hatte meine Aufzeichnungen kopiert. Nun ist die Welt in die Hände einer Verrückten geraten und ich kann nichts mehr tun, außer die Wahrheit aufzuschreiben.

Johann Wilhelm Möbius

(301 Wörter)

SCHREIBAUFGABE 2 – Gespräch zwischen Möbius und seinem Sohn
(Bezug: Ende des Stücks)

„Ich bin Salomo. Ich bin der arme König Salomo." (S. 86, Z. 28)

Möbius denkt in seiner Zelle an seinen Sohn Jörg-Lukas, der Physiker werden wollte. Er träumt von einem Besuch seines Sohns und einer Unterhaltung mit ihm.
In diesem Gespräch nimmt er Stellung zu seinem eigenartigen Verhalten beim Abschied in ‚Les Cerisiers' und begründet, warum er nicht will, dass Jörg-Lukas Physiker wird. Er teilt ihm mit, was seit dem Abschied geschah und fordert ihn zu verantwortlichem Handeln auf.

➲ **Verfasse diesen Dialog auf einem gesonderten Blatt.**
Schreibe mindestens 250 Wörter.

Lösungvorschlag im Downloadbereich

SCHREIBAUFGABE 3 – Tagebucheintrag der Oberschwester Marta Boll
(Bezug: Ende des Ersten Akts)

„Fräulein Doktor Mathilde von Zahnd: Ich lasse mir meine drei Physiker nicht rauben. Sie sind meine interessantesten Fälle." (S. 30, Z. 20 f.)

Oberschwester Marta Boll hat mit zunehmendem Ärger die Veränderungen in ‚Les Cerisiers' beobachtet. Sie hat inzwischen das Spiel des Frl. Doktor von Zahnd und die Rollen der drei Physiker durchschaut und fühlt sich mitschuldig am Tod der drei Krankenschwestern.
Nach dem Mord an Monika Stettler am Ende des Ersten Akts schreibt sie ihre Beobachtungen, ihre Ängste und Befürchtungen auf und überlegt, was sie tun soll.

➲ **Verfasse den Tagebucheintrag von Oberschwester Boll auf einem gesonderten Blatt.**
Du darfst dein Wissen über das ganze Stück verwenden. Bedenke aber, dass Schwester Marta vermutlich nicht alles weiß.
Schreibe mindestens 250 Wörter.

Lösungvorschlag im Downloadbereich

Begriffe aus der Theaterwelt

Aufgabe 1

Lest gemeinsam die Begriffe aus der Theaterwelt und erklärt sie euch gegenseitig. Wenn ihr einen Begriff nicht kennt, schlagt ihn nach.

Requisiteur
Inszenierung
Abgang
Bühnenbildner
Bühne
Intendant/Regisseur
Ensemble
Choreographie

Rolle
Backstage
Gestik
Mimik
Generalprobe
Blackout
Beleuchter
Gage
Lampenfieber
Souffleur/Souffleuse
Maskenbildner
Programmheft
Zuschauerraum
Tonmeister

Aufgabe 2

Startet eine Recherche zur Entstehung des Theaters: Wo und wann sind Theateraufführungen entstanden? Welche Dramen-Formen gab es zu Beginn? Wie sahen die ersten Theater aus?

Aufgabe 3

Überlegt euch in Gruppen, wie ihr das Theaterstück *Die Physiker* inszenieren würdet. Worauf legt ihr den Fokus, was ist euch besonders wichtig? Entwickelt Ideen zur Umsetzung der Komödie. Sammelt eure Ideen auf einem Plakat.

Theaterrezension schreiben

Eine Rezension ist eine kritische Beurteilung eines Buches, eines Konzerts, eines Films oder einer Theateraufführung. Darin werden sowohl positive als auch negative Aspekte des Werkes genannt und begründet. Sie wird im Präsens (bei Vorzeitigkeit Perfekt) verfasst und beinhaltet:

EINE ÜBERSCHRIFT – knappes Statement, das die Rezension zusammenfasst, ohne zu viel zu verraten

1. INHALT	2. KRITIK	3. FAZIT
Am Anfang steht eine knappe Zusammenfassung der Handlung.	Darauf folgt eine detaillierte Besprechung des Werkes unter ausgewählten Gesichtspunkten.	Ein Resümee mit Aussprache einer Empfehlung schließt die Rezension ab.

Natürlich kann eine Rezension auch nur positiv oder sehr negativ ausfallen. Der Verfasser sollte dabei aber sachlich argumentieren und nicht beleidigend werden.

Aufgabe

Schreibe eine Rezension mit mindestens 250 Wörtern zu *Die Physiker.*
Du kannst in deiner Kritik einen der folgenden Gesichtspunkte aufgreifen:

- Trifft das Drama den aktuellen Nerv der Gesellschaft?
- Kann das Drama Schülerinnen und Schüler zu besseren Menschen der Gesellschaft machen?

Theaterzeitung oder Programmheft gestalten

Aufgabe

Eine Theaterzeitung oder ein Programmheft stellt ein Bühnenwerk auf lebendige Art und Weise vor. Sie verrät nicht alles, denn sie will ‚Appetit' machen. Die Theaterzeitung enthält in der Regel Hintergrundinformationen zum Autor und über das, was er möglicherweise mit dem Stück sagen will oder wollte. Gerade bei einem Stück wie Dürrenmatts *Die Physiker* wird eine Theaterzeitung auch Hinweise enthalten, warum das Stück heute noch so wichtig ist, denn seine Entstehungszeit liegt viele Jahre zurück.

a) Sammelt in der Gruppe auf einem großen Blatt Vorschläge und Ideen, welche Themen im Programmheft enthalten sein können. Bewertet die Vorschläge jetzt noch nicht. Jede Idee darf gesagt und notiert werden.
b) Fasst nun ähnliche Ideen zusammen und versucht, Überschriften zu finden. Entscheidet nun gemeinsam, welche Themen Platz in eurem Programmheft finden sollen.
c) Recherchiert in der Schulbibliothek und im Internet zu euren Themen. Dabei könnt ihr jeweils einen Spezialisten für ein Thema auswählen oder jeder recherchiert zu jedem Thema.
d) Gestaltet nun mit Mitteln, die euch zur Verfügung stehen, ein kleines Programmheft.

LEISTUNGSMESSUNG

Klassenarbeit

➲ **Schreibe deine Antworten auf ein gesondertes liniertes Blatt.**

1. Wie erlebt Inspektor Voß seine Mordermittlungen jeweils am Anfang des Ersten und des Zweiten Aktes? Ändert er seine Einstellung? Gib in deiner Erläuterung als Beleg Beispiele für sein Verhalten bzw. die Veränderung seines Verhaltens an. (3 P.)

2. Welchen Auftrag haben Einstein und Newton? (2 P.)

3. Deute folgenden Satz von Möbius: „Was wir denken, hat seine Folgen.“ (S. 69, Z. 25 f.) (2 P.)

4. Welche Rolle spielen die Krankenschwestern in Dürrenmatts Drama? Erkläre ihre Funktion in wenigen Sätzen. (2 P.)

5. Dürrenmatt stellt eine paradoxe, verkehrte Welt dar. Erkläre, was er damit beim Zuschauer bewirken möchte. (2 P.)

6. Beschreibe mit Hilfe eines Zitats das ‚böse Gesicht‘ der ambivalenten Dr. Mathilde von Zahnd. Welches Ziel verfolgt sie und wie gelingt es ihr, dieses zu erreichen? Beschreibe in einigen Sätzen. (3 P.)

7. **SCHREIBAUFGABE** (11 P.)

„*MÖBIUS geht in sein Zimmer* Ich habe Schwester Monika Stettler erdrosselt.“ (S. 53, Z. 26 f.)

Nach dem Mord zieht sich Möbius in sein Zimmer zurück, holt sein Tagebuch aus der Schublade und beginnt zu schreiben. Er muss sich über seine aktuelle Situation klar werden.
Schreibe Möbius' Gefühle und Gedanken auf, die ihm nach dem Gespräch mit Monika Stettler und dem Mord durch den Kopf gehen.
(mindestens 250 Wörter)

Lösungsvorschläge zur Klassenarbeit

WRS

1. **im Ersten Akt:** *denkt zuerst an Genüsse (Schnaps, Zigarre), will dann Befragungen durchführen, möchte den Täter sehen und befragen, letztlich auch verhaften, ist gestresst, fühlt sich fertiggemacht*
im Zweiten Akt: *verzichtet auf Genüsse, schätzt die Ermittlungssituation realistisch ein, verbessert den Sprachgebrauch der Chefärztin, will nicht befragen und weiß, dass er nichts erreichen kann, gibt sich geschlagen*

2. *Einstein (Eisler) arbeitet für einen Geheimdienst im Osten, Newton (Kilton) für eine westliche Großmacht – wollen Möbius für ihr Land gewinnen und dorthin entführen – wollen seine wissenschaftlichen Erkenntnisse nutzen*

3. *Was gedacht ist, kann nicht zurückgedacht werden, Wissenschaftler muss Folgen seiner Erfindungen erforschen, Verantwortung übernehmen und die Freigabe bzw. Veröffentlichung seiner Erkenntnisse bejahen oder verneinen*

4. *Krankenschwestern werden von Dr. von Zahnd instrumentalisiert, auf Physiker angesetzt, sich zu verlieben, die Physiker zu Mördern zu machen*

5. *paradoxe, verkehrte Welt verwirrt Zuschauer, wirkt lustig, grotesk, seltsam – Zuschauer soll durch diese Brüche Verfremdung empfinden, Distanz zum Geschehen aufbauen, schließlich selbst über die Situation nachdenken, das Weltgeschehen reflektieren*

6. Mögliche Zitate:
„Ich konnte mit ihm [Möbius] tun, was ich wollte." (S. 82, Z. 29)
„Ich werde das System aller möglichen Erfindungen auswerten [...]." (S. 83, Z. 8 f.)
„Ich mußte euch unschädlich machen. Durch eure Morde." (S. 84, Z. 4 f.)
„Ihr wart bestimmbar wie Automaten und habt getötet wie Henker." (S. 84, Z. 7 f.)
„Die Rechnung ist aufgegangen." (S. 85, Z. 6 f.)

Dr. von Zahnd hat die Physiker schon lange durchschaut und entsprechend ihre Krankenschwestern und die Physiker so manipuliert, dass die Wissenschaftler letztendlich als Mörder dastehen und keinen Ausweg aus dem Sanatorium finden. So übernimmt sie mit dem gestohlenen Wissen von Möbius die Macht und wird laut ihrer Worte im Namen von König Salomo die Weltherrschaft anstreben. Ihr planvolles Vorgehen ist gelungen, so dass Möbius' Opfer letztlich umsonst waren.

7. **SCHREIBAUFGABE**

Lösungvorschlag im Downloadbereich

Ideen zum Tagebucheintrag von Möbius:
- *Notlage durch Offenbarung seiner Identität, Ausweglosigkeit, Hilflosigkeit*
- *Vergeblichkeit aller Opfer (Geld, Ruhm, Familie, Freiheit zu forschen) bei Gefährdung*
- *düstere Vision bei Offenbarung durch Monika – Zukunftsszenario*
- *Liebe als Gefahr für die Wissenschaft/Menschheit*
- *Reflexion seiner Entscheidung, ins Sanatorium zu gehen – Erklärung/Infragestellung?*
- *aber auch Gefühle hinsichtlich Monikas Tod:*
Trauer? – Bitterkeit? – Traurigkeit? – Reue? – schlechtes Gewissen? – Mitgefühl?
- *Planung des weiteren Vorgehens – Bestätigung seiner Entscheidung*
- *Festhalten an seinem ursprünglichen Plan – standhaft bleiben oder auch nicht?*
- *Verantwortung des Wissenschaftlers für seine Erkenntnisse und Unterlagen*

HINWEISE ZUR DIFFERENZIERUNG FÜR DEN WERKREALSCHULABSCHLUSS

Der Werkrealschulabschluss und dessen Anforderungsniveau sind mit dem Realschulabschluss vergleichbar. Daher eignet sich das vorliegende Arbeitsheft für beide Anforderungsniveaus als Prüfungsvorbereitung.
Jedoch ist eine Differenzierung mit zusätzlichen Informationen oder vereinfachten Aufgabenstellungen bei einigen Aufgaben sinnvoll, wenn diese Transferleistungen verlangen oder die Schülerinnen und Schüler bei freien Arbeitsaufträgen mehr Hilfestellung benötigen.
Im Onlinebereich des Schülerarbeitsheftes wird deshalb Differenzierungsmaterial angeboten, auf das Ihre Lerngruppe jederzeit selbstständig Zugriff hat und sich so optimal auf ihre Prüfung vorbereiten kann. Dieses Material kann ebenfalls als Binnendifferenzierung für eine Realschulklasse herangezogen werden, falls es sich um eine Lerngruppe mit großen Niveauunterschieden handelt.
Sie können selbst entscheiden, ob Sie die Lösungen den Lernenden ganz oder teilweise zur Verfügung stellen möchten.

WRS Die Werkrealschüler/-innen finden im Schülerarbeitsheft an den entsprechenden Stellen jeweils ein WRS-Icon, das anzeigt, welche Aufgaben in differenzierter Form im Onlinebereich zu finden sind.

Im Downloadbereich dieses Lehrerheftes finden Sie Lösungsvorschläge zu den Differenzierungsaufgaben.

Folgende Aufgaben aus dem Schülerarbeitsheft sind im Onlinebereich in differenzierter Form zu finden:

- Seite 14, Aufgabe 6
- Seite 15, Aufgabe 7b)
- Seite 17, Aufgabe 8b)
- Seiten 22–24
- Seite 28, Aufgabe 2
- Seite 30, Aufgabe 4
- Seite 43, Schreibaufgabe
- Seite 47, Aufgabe 3a)

Zugang zum Downloadbereich:

Scannen Sie nebenstehenden QR-Code
oder geben Sie diesen Link im Browser ein:
(ohne *www.* oder *https://*)
kugverlag.de/diephysiker3099
Passwort: !Physiker2023MNiveau

Sollte der Kurzlink nicht funktionieren, können Sie diesen eingeben:
https://download.krapp-gutknecht.de/index.php/s/Ctb5FMRSKmJsZJK